Magia Telúrica

Vincent Lauvergne

Magia Telúrica
Prática, Rituais e Segredos

"O Universo é cheio de magia e aguarda pacientemente que nossa inteligência se aprimore e vá a sua busca."
— Eden Phillpotts

Tradução:
OLGA SÉRVULO

Editora
Pensamento
SÃO PAULO

Título original: *Magie Tellurique – Pratique, Rituels et Secrets*.
Copyright © 2011 Éditions Trajectoire.
Uma marca do grupo editorial Piktos.
Copyright da edição brasileira © 2014 Editora Pensamento-Cultrix Ltda.
Texto de acordo com as novas regras ortográficas da língua portuguesa.
1ª edição 2014.
1ª reimpressão 2018.

Todos os direitos reservados. Nenhuma parte deste livro pode ser reproduzida ou usada de qualquer forma ou por qualquer meio, eletrônico ou mecânico, inclusive fotocópias, gravações ou sistema de armazenamento em banco de dados, sem permissão por escrito, exceto nos casos de trechos curtos citados em resenhas críticas ou artigos de revista.

A Editora Pensamento não se responsabiliza por eventuais mudanças ocorridas nos endereços convencionais ou eletrônicos citados neste livro.

Editor: Adilson Silva Ramachandra
Editora de texto: Denise de C. Rocha Delela
Coordenação editorial: Roseli de S. Ferraz
Preparação de originais: Marta Almeida de Sá
Produção editorial: Indiara Faria Kayo
Editoração eletrônica: Fama Editora
Revisão: Maria Aparecida A. Salmeron e Yociko Oikawa

CIP-BRASIL CATALOGAÇÃO NA PUBLICAÇÃO
SINDICATO NACIONAL DOS EDITORES DE LIVROS, RJ

L423m
    Lauvergne, Vincent
    Matia telúrica : prática, rituais e segredos / Vincent Lauvergne ; tradução Olga Sérvalo. — 1. ed. — São Paulo : Pensamento, 2014. 280 p. : il. ; 23 cm.

    Tradução de: Magie tellurique : pratique, rituels et secrets.
    Apêndice
    ISBN 978-85-315-1870-6

    1. Magia. 2. Feitiços. 3. Ritos e cerimônias. I. Título.

14-11870   CDD: 133.43
     CDU: 133.4

Direitos de tradução para o Brasil adquiridos com exclusividade pela EDITORA PENSAMENTO-CULTRIX LTDA., que se reserva a propriedade literária desta tradução.
Rua Dr. Mário Vicente, 368 — 04270-000 — São Paulo — SP
Fone: (11) 2066-9000 — Fax: (11) 2066-9008
http://www.editorapensamento.com.br
E-mail: atendimento@editorapensamento.com.br
Foi feito o depósito legal.

Para minhas filhas Minna e Célya,
para meu filho Aurélien.

Sou grato por preencherem meu cotidiano
com suas almas tão puras...

Sumário

Introdução	9
Da natureza do mago	13
Energia cósmica e energia telúrica	17
Telurismo e geobiologia	21
A tradição celta	33
Oghams e runas	43
As egrégoras	109
O tríscele	115
O bastão telúrico	119
As ferramentas do mago telúrico	141
Treinamento mental do operador	147
Prática da magia telúrica	157
Expressões e palavras de poder	173
Rituais e segredos (a passagem da alma, a consagração das runas, etc.)	183
Conclusão	199
Apêndice I: o povo pequeno	201
Apêndice II: padrões de traçado dos escudos rúnicos	215
Apêndice III: as festas celtas	221
Apêndice IV: as tríades celtas	239
Apêndice V: bibliografia e referências	273
Epílogo	277
Agradecimentos	279
Para ir adiante	280

Introdução

Depois da publicação do meu livro *Manuel de Magie Verte* [Manual de Magia Verde], procurei ficar atento às diferentes críticas, boas ou más, publicadas na imprensa e na internet. Fiquei surpreso ao constatar que muitas pessoas viram uma abordagem da magia celta, embora esse não fosse, de jeito nenhum, o objetivo estabelecido de início. É possível que a influência de minhas raízes tenha levado a isso independentemente da minha vontade. Porque, se volto alguns anos, devo admitir que, embora minha cultura mágica não tenha sido sempre direcionada exclusivamente ao que chamo de "magia tradicional ocidental", não foi nem um rosa-cruz nem um membro de uma ordem mágica qualquer que eu encontrei em uma bela tarde de primavera, quando tinha meus 20 anos, em Paris. Foi, na verdade, um "xamã celta" (assim ele se definia), que me convidou para tomar um café porque tinha "algumas coisas a me dizer". Foi a partir daí que, durante quase um ano, ele me iniciou em sua concepção de mundo e me abriu à experimentação. Ele me fez descobrir também a facilidade com que eu podia partilhar e transmitir minhas paixões. Mas estranhamente, de volta ao meu universo, foi a magia ocidental que eu continuei a estudar e a praticar, que eu divulgava e sobre a qual eu escrevia.

É um pouco como se eu guardasse com muito cuidado meus conhecimentos celtas para mim, recatadamente. Como se aquilo não interessasse a ninguém, ou como se eu preferisse guardar minhas descobertas, por medo de que os outros não as aceitassem. Minha descoberta das runas foi totalmente pessoal também. Percebi nelas, rapidamente, um grande poder, que passei a usufruir de modo particular. Escrevi, na época, uma pequena compilação do que havia encontrado (que reveremos nestas páginas) em meu site em francês "Les portes de l'inconnu" ["As Portas do Desconhecido"] (http://www.lesportesdelinconnu.com), mas nada mais. Todo o restante devia permanecer "secreto". Eu negava ao celta adormecido em mim ver a luz do dia, mesmo que não passasse um verão sem que eu pisasse na mítica floresta de Brocéliande. Tenho, muitas vezes, associado as pedras do lugar a diferentes runas, com a finalidade de criar "baterias mágicas" bastante eficazes.

Entre diferentes manifestações de meus leitores em relação a minha primeira obra, havia a pergunta "quando teremos uma continuação da magia verde?". Fiquei bastante surpreso com esta pergunta, porque eu não havia escrito o livro sobre magia verde pensando em dar uma sequência a ela, minha proposta era apenas proporcionar uma aproximação a essa magia, e não fazer um estudo em diferentes tomos. Porém, na verdade, se a alma celta tinha me acompanhado enquanto escrevia, seria normal que eu lhe consagrasse também uma obra. Portanto, se meu manual de magia verde devia ter uma sequência, pensei que esta nova obra de magia baseada em muitos anos de pesquisas e de experimentações sobre a runologia e as energias da Terra poderia ser esta segunda obra. Embora este tratado de magia telúrica seja em si um volume completo sobre o assunto (completo não significa exaustivo, mas que apresenta uma ampla gama de meus conhecimentos atuais sobre essa forma de magia), ele será um bom complemento à minha obra sobre a magia verde, quase como uma continuação.

No que diz respeito à magia telúrica, alguns esclarecimentos são necessários para que o leitor compreenda bem do que vamos falar. Em primeiro lugar, embora "magia telúrica" seja um termo relativamente recente, se aplica à utilização de uma energia bem precisa, a energia telúrica, produzida por nosso planeta. A utilização dos menires por nossos ancestrais poderia perfeitamente fazer parte do quadro da magia telúrica. Dispondo diferentes pedras tais como agulhas de acupuntura, em pé, elas podem agir diretamente sobre as linhas e as redes de energia que percorrem a Terra, utilizando seu poder para diferentes finalidades. É provável que os celtas utilizassem esse tipo de magia de forma proveitosa. Infelizmente, poucos dados técnicos chegaram até nós, já que privilegiavam a tradição oral. Pode-se apenas imaginar, por meio dos contos e das lendas, de que forma eles procediam, incorporando esses dados esparsos aos nossos conhecimentos tradicionais sobre a magia. Alguns autores contemporâneos têm mencionado o termo "magia telúrica" sem entrar em muitos detalhes, ou aplicando-o a técnicas que não têm absolutamente nada a ver.

Eu imaginei e experimentei, durante mais de dez anos, o que poderia ser essa magia da Terra, associando diferentes elementos a fim de poder acessar os resultados evidentes, cada etapa de minha aventura sendo pontuada de descobertas e surpresas, por vezes a milhas de distância de minhas ideias iniciais. O leitor compreenderá, portanto, que o trabalho que encontrará nestas páginas não será encontrado em nenhum outro livro, pois é de cunho totalmente pessoal e resultou, unicamente, de minhas próprias pesquisas. É uma magia ao mesmo tempo prática e operativa, a que pretendo oferecer aqui.

É dessa maneira que a magia telúrica, como você poderá ver, se articula em torno de duas ferramentas distintas: as runas e o bastão do poder. Eu projetei este último refletindo sobre os bastões preparados, geralmente, para os magos das lendas, que tiram deles enorme poder, colocando-os em paralelo com as tradicionais varinhas mágicas, das quais encontramos explicação nas obras de magia ocidentais de autores como Papus, por exemplo. O resultado, como você verá, é surpreendente.

Sempre me pareceu que as runas são parte integrante dessa magia. Seu uso pelos radiestesistas modernos nos mostra a que ponto sua "onda de forma" pode ser usada em geobiologia, que pode ser considerada como a "ciência do telurismo" e que nos fornecerá muitos dos dados necessários ao nosso sistema mágico.

Ao lado dessas duas ferramentas, emprestaremos das tradições celtas e nórdicas diferentes elementos para podermos nos ligar a essa egrégora particular que encontramos no fundamento de nossas raízes. É assim que essa magia telúrica (re)nascerá em benefício daqueles que seguirem seu caminho. Resta destacar, entretanto, que a energia que vamos usar é uma energia "bruta" e, neste sentido, pode consistir num perigo real para um espírito muito "sensível". É a serpente que temos de aprender a domesticar, e, se você não se sentir capaz de dominá-la, ela dominará você...

Mas você, amigo leitor, cuja alma celta fervilha no sangue, seja bem-vindo ao reduto sagrado de uma magia que nos leva através dos tempos...

Da natureza do mago

*"Nada é miraculoso. Se aprendermos
o que o mago sabe, não haverá mais magia."*
— Richard Bach

*"Não se intrometa nos assuntos dos magos,
pois eles são delicados e se irritam facilmente."*
— J. R. R. Tolkien

Antes de entrar no cerne de nosso tema, eu gostaria de me deter, por algumas linhas, na natureza real da alma do praticante de magia. Nestes dias em que as ciências mágicas se destacam nas estantes das livrarias ao lado de obras de clarividência e livros de pseudoespiritualidade frequentemente mais que duvidosos, nesta época da "nova era", em que são colocados, à disposição de cada um, conhecimentos que permaneceram discretos por milênios, será bom nos questionarmos sobre os verdadeiros valores defendidos pelos seres que foram a base do sacerdócio mágico. E, assim, é necessário nos inclinarmos um pouco sobre os primeiros usos da magia. Ela servia, e tem servido sempre, para estabelecer o equilíbrio entre as pessoas. Por seu intermédio, reis foram destronados e reinados prosperaram. O mago desempenhava, portanto, o papel de conselheiro, de sacerdote, mas também de juiz, por vezes de carrasco. Ele devia ter qualidades de chefe e de guerreiro. A autoconfiança e o controle sobre suas emoções faziam parte das qualidades que devia ter. A imagem do druida ficou, através dos tempos, como arquétipo do mago em toda a sua grandeza. E o druida não desempenhava por si só o papel de ministro do culto, filósofo, guardião do saber e da sabedoria, historiador, jurista e conselheiro militar do rei. O mago não era, no entanto, isolado de sua sociedade; ao contrário, ele contribuía para sua evolução, sendo ele mesmo um de seus atores principais. No entanto, com base nos encontros que tenho tido, quer pessoais ou virtuais, não topei com nenhum "mago" sério desejoso de agir sobre o universo que o abriga para torná-lo melhor. Ao contrário, tenho até a impressão de que, atualmente, a magia não serve senão para inflar o ego, já bastante desenvolvido como tal. Não tenho conhecido magos prontos a se associar, deixando cada um o ego de lado, para repartir seus conhecimentos e trabalhar juntos, com o objetivo comum de evolução de nossa sociedade. Ao contrário, só vejo disputas relativas a quem sabe mais, ou a qual tradição é melhor que a sua. Acho isso tudo extremamente triste, pois não há nada pior do que dividir egrégoras, pois isso só enfraquece de fato a energia disponível na magia.

O que eu insinuo aqui é que, no momento em que nossa sociedade desmorona sobre suas próprias bases, resultado do orgulho e do ceticismo, não vejo nenhum desses pseudomagos se erguer, buscar e propor respostas para as infelicidades de seus irmãos. Esta é, no entanto, a tarefa principal que foi dada aos magos: agir sobre o curso das coisas para melhorar a vida de seus contemporâneos, orientando-os para um caminho de desenvolvimento espiritual.

Escrevendo estas linhas, me pus a sonhar com o estabelecimento de confrarias de magos atuantes, por que não, sobre antigas tradições celtas e voltados a dirigir (ou melhor, "orientar") as pessoas para os caminhos da paz e da espiritualidade. Desde o início da queda do cristianismo, o mundo ficou sem parâmetros. Desligou-se de sua própria espiritualidade, rejeitando com razão todos os dogmas, mas também, infelizmente, toda noção de evolução. Temos dado as chaves de nossa sobrevivência a cientistas ateus que são totalmente incapazes de interpretar a parte divina que se encontra em cada um de nós. Assim, ignorando-a, fazem de nós ovelhas mancas que seguem o rebanho com dificuldade, embora sabendo que, para além de nossas limitações, uma luz subsiste e brilha para cada um de nós.

A magia telúrica, tal qual vou mostrá-la aqui, não se destina a completar as prateleiras de uma biblioteca, mas, bem ao contrário, a ser praticada, mais ainda, a ser utilizada em todas as ocasiões que se apresentarem ao mago para demonstrar, àqueles que não acreditam, que a magia é uma realidade e que ela pode atuar para o bem de todos.

Eu poderia guardar esses ensinamentos para alunos selecionados, escolhidos a dedo, mas acho que aquele que se decidir a abrir esta obra desejará ir mais além em sua experimentação e terminará, talvez, por fazer as perguntas certas no momento certo.

Assim sendo, e se você não se sente nem com medo nem em dúvida, continuemos a tratar de nosso tema.

Energia cósmica e energia telúrica

Nós somos antenas, erguidas entre o céu e a terra, que têm tanto necessidade do ar quanto do alimento para sobreviver. E, além desse ar e desse alimento, nos banhamos em um fluxo de energia constante que desce do espaço e sobe das profundezas da Terra, para se misturar dentro de nosso organismo, mais precisamente no nível do que é chamado pelos indianos de "*chakra* do coração".

É sobre esse mesmo fluxo de energia que o mago exercerá sua prática, aprendendo a controlar sua saída e a orientá-la em função de seus desejos e de seus objetivos. Essa energia é constituída de duas naturezas diferentes, uma sutil (cósmica) e outra mais densa (telúrica), que são, na verdade, duas faces de uma mesma moeda, de um mesmo equilíbrio, feitas para se juntar e se completar, uma à outra. Por isso podemos representá-las pelo símbolo que atravessou o tempo, o yin e o yang.

O tempo e a analogia permitiram aos homens representar por esse símbolo toda a dualidade encontrada em seu mundo. Desse modo, falamos do bem e do mal, do masculino e do feminino, do positivo e do negativo, etc. As linguagens se dissociam das ideias e assim se formam clãs de pessoas boas e más. Porém, na natureza tal como a percebe o mago, nada é totalmente bom ou totalmente mau. De fato, tudo serve a um mesmo propósito, o equilíbrio em todas as coisas. Pois, para gerar um equilíbrio, é necessário que duas forças de igual natureza se oponham. Assim, para que a vida aconteça, o céu se opõe à terra, a água ao fogo. E, da mesma forma, a energia cósmica se opõe à energia telúrica para criar os seres vivos, receptáculos desses dois fluxos complementares.

Ao que parece, as primeiras sociedades humanas, em geral matriarcais, teriam privilegiado a energia telúrica em suas crenças e em sua magia. Era a *vouivre*,* que o druida devia aprender a controlar para escolher os lugares de culto que receberiam as oferendas aos deuses. Mas acontece que, com o advento do monoteísmo, o homem parou de olhar sua condição para voltar seus olhos apenas para o céu, na esperança de se tornar ele mesmo um deus entre os deuses. Embora a herança da energia telúrica se tenha transferido aos construtores de catedrais, poucas igrejas modernas foram erguidas sobre pontos telúricos importantes.

Impõe-se constatar que as antigas culturas dominavam à perfeição a utilização do telurismo. Os celtas comprovaram isso por meio da utilização de menires, os egípcios, pela construção de suas pirâmides, da mesma forma que os maias. As primeiras igrejas foram construídas diretamente sobre locais de culto celtas, antes que nossos construtores de catedrais, como disse anteriormente, tivessem acesso à transmissão desse saber esotérico feita de forma oral desde, talvez, a aurora da humanidade.

No universo da arte mágica, um mínimo de conhecimento telúrico permitiria a diversos magos instalar ao menos seu altar em um local adequado. Mas eles costumam se dedicar mais a bajular os "anjos" do que a olhar onde colocam sua cadeira. A magia hoje em dia, bastante confusa, está mais focada na energia cósmica, mais doce e maleável, para a realização de seus rituais. Perde, assim, parte importante de suas possibilidades, deixando de lado a energia telúrica. No entanto essa fonte inesgotável é bem menos ávida por frivolidades, como vamos constatar, e seus efeitos são em geral mais diretos e mais rápidos que os da energia cósmica.

---

* Uma serpente, ou dragão, com um rubi na testa, que lhe dá oportunidade de se transformar em uma mulher. (N. T.)

Em termos absolutos, é evidente que é pela associação de duas energias complementares que o mago poderá obter a realização de todos os seus objetivos. Associando estas duas correntes energéticas, o mago criará um equilíbrio dentro da própria magia, que lhe permitirá concretizar seus projetos.

No entanto, para manejar estas energias, o mago deverá construir com suas próprias mãos as ferramentas que empregará, e deverá igualmente aprender a não temer os fluxos de energia que passarão por ele. A prática de um esporte ou de uma arte marcial o ajudará a canalizar o excesso de energia que poderia interferir em sua prática de magia telúrica.

Telurismo e geobiologia

Mencionei, nos capítulos anteriores, que a tradição de transmissão oral do conhecimento da energia telúrica parcialmente se perdeu ou está bem guardada nos círculos restritos de iniciados. No entanto, como todas as coisas mundanas, nada se perde verdadeiramente, tudo acaba sempre por voltar à superfície, de uma forma ou de outra. Assim, assistimos, há algumas dezenas de anos, à chegada de uma nova "ciência", não ainda reconhecida oficialmente, mas que tem o mérito de interessar cada vez mais aos cientistas. É a geobiologia. Com certeza, muitos me dirão que os indianos e os chineses têm há milênios sua geobiologia, uns por meio do *vastu*, outros por meio do *feng-shui*, que foi introduzido de forma desastrosa no Ocidente há alguns anos, após a mania pelas tradições da Ásia que atingiu todo mundo. Então, por que os asiáticos e os indianos dominaram um conhecimento que nós perdemos? Acredito ter parte da resposta, seguindo principalmente o percurso da astrologia, desde seu surgimento até hoje, que foi similar ao de inúmeras ciências ocultas que nasceram na mesma época.

Para isso, devemos nos projetar a cerca de seis mil anos atrás, à época em que os sacerdotes eram os magos e em que uma grandiosa civilização, que chamaremos suméria, surgiu em um país conhecido, hoje em dia, pelo nome de Iraque, mas que, à época, era chamado de Caldeia. Quanto mais avançam as descobertas dos arqueólogos, mais a idade dessa primeira civilização recua. Mas o que sabemos, com certeza, é que as ciências ocultas aí nasceram para se espalhar, em seguida, pela superfície total do globo. E este foi o caso, especificamente, da astrologia, como também destes conhecimentos secretos relacionados ao controle da energia telúrica. Pelas rotas comerciais, esses conhecimentos se espalharam tanto pelo Oriente quanto pelo Ocidente. Passando de iniciado para iniciado, de civilização para civilização, cada um adaptando esses conhecimentos às suas próprias crenças e acrescentando um pouco de suas descobertas. Tomo como exemplo a astrologia por uma razão bem simples, que irão compreender, pois, apesar de ter a mesma origem, coexistem hoje em dia duas astrologias com características diferentes, uma no Ocidente, a outra na Índia. Veremos por que, mas antes devemos retomar o curso de nossa história...

Da Suméria, o conhecimento se transmitiu aos caldeus e aos babilônios, depois aos egípcios, aos hebreus, aos gregos, aos romanos; e, de alguma forma, o império cristão que se constituiu sobre a queda de Roma detinha já esses conhecimentos. Por isso o esoterismo cristão, ainda nos dias de hoje, é tão rico e tão eclético.

Do mesmo modo, esses conhecimentos se transmitiram à Índia, mas esse gigantesco país não sofreria tantas mudanças como as que aconteceram na Europa. Na verdade, foi bem no início do século XV que o Ocidente viveu a pior fase de sua história: a Inquisição. Um punhado de homens se pôs a decidir o que era bom ou mau, verdadeiro ou falso, e tentou fazer desaparecer tudo que não convinha ao cânone da Igreja todo-poderosa. Assim é que se queimaram bruxas, alquimistas, cientistas, em nome da sacrossanta Igreja. Porém essa Igreja tinha construído parte de sua doutrina sobre este esoterismo e teve, então, que aceitá-lo ou tolerá-lo em parte, sem que isso chegasse a alterar sua própria doutrina.

Nessa época, acreditava-se que a Terra era plana e que era o centro do Universo. Ignorava-se totalmente o fenômeno da precisão dos equinócios, fenômeno astronômico que era conhecido dos sumérios e dos criadores da astrologia. Decidiu-se, então, que a astrologia deveria se ajustar aos dados aceitos à época pela Igreja. Acontece que, a partir da Terra, a precessão dos equinócios provoca o deslocamento do ponto vernal, representado pela localização exata do Sol no dia 21 de março de cada ano, para trás no zodíaco, um grau a cada 72 anos. Evidentemente, esse fenômeno era difícil de observar quando a esperança de vida não ultrapassava 40 ou 50 anos. Contudo, foi deslocado completamente da astrologia para a astronomia, e a Igreja "fixou" então o zodíaco nos equinócios e solstícios, ou seja, a cada ano o Sol deverá passar a 0° de Áries todo dia 21 de março.

No que nos diz respeito, eu diria simplesmente que nossa astrologia atual, que faz pertencer ao signo de Áries quem nasce a partir de 21 de março, foi falsificada no século XV, pois, na verdade, a menos que a pessoa tenha nascido na segunda metade do terceiro decanato, ela será, de fato, de Peixes. Na verdade, a mudança é, atualmente, de quase 27°, o que significa que o Sol, em 21 de março, não está astronomicamente a 0° de Áries, mas a cerca de 3° de Peixes. E quando, no espaço de duzentos anos, o Sol se move do signo de Peixes para o de Aquário, tem início então uma nova era astronômica, chamada "Era de Aquário". Porém nenhum de nós estará lá para ver, apesar do que entoam aos quatro cantos os movimentos da nova era, prova (se necessária) de que eles não compreenderam o que significa uma era...

Todavia, voltando a nossas ovelhas, sabemos hoje que a astrologia indiana, que tem sua origem também na Suméria, mas não conheceu os malefícios da Inquisição, leva em conta a precessão dos equinócios e algumas outras coisas que não serão abordadas neste livro. Os astrólogos indianos são, também, os mais respeitados do mundo, e é costume na Índia consultar um astrólogo para se tomar toda grande decisão na vida. Tudo isso para dizer que a Igreja Católica, por meio de sua Inquisição, e por seus métodos, induziu os iniciados tanto a aceitar modificar seus conhecimentos para sobreviver como a se organizar em sociedades secretas para continuar a transmissão do saber, e isso apesar da perseguição que sofriam e que nos fez perder, infelizmente, numerosos textos de importância capital. A Igreja não via com bons olhos o fato de que qualquer pessoa pudesse usar o telurismo para construir um templo e, como se fosse uma placa de chumbo, esmagou esse conhecimento, que desapareceu no centro de sociedades secretas de construtores.

Porém, como já mencionei antes, esse conhecimento começa a ressurgir no Ocidente hoje em dia, na forma do que chamamos de "geobiologia".

O que é a geobiologia?

A geobiologia é a arte de detectar as correntes de energia subterrâneas e de corrigir sua influência negativa onde ela ocorre, sobre os habitantes e o meio ambiente. Assim, o primeiro trabalho do geobiólogo é determinar as fontes de energia negativa, para evitá-las quando isso lhe for pedido antes de uma construção, ou desviá-las ou corrigi-las, se não houver outra solução, no caso de algo já construído. Os geobiólogos usam um certo número de ferramentas específicas, como o pêndulo, a antena lobo ou lóbulo, a antena de Lecher, etc. Esses instrumentos não são, de fato, nada mais que amplificadores da receptividade natural de todo ser humano às energias telúrica e cósmica. Há diversas formas de perturbações relacionadas ao telurismo que o geobiólogo saberá eliminar. No entanto, como esta obra não tem como objetivo ser um manual de geobiologia, eu registro uma bibliografia no fim do livro para fornecer mais informações. Nós vamos, portanto, estudar aqui o que nos diz respeito diretamente e o que vamos usar.

As redes telúricas

Sem dúvida, você já ouviu falar do campo magnético terrestre. Ele é, na verdade, um tipo de grade que cobre todo o nosso planeta feita de uma malha relativamente grande e regular. E, bem no interior dessa malha, há outras grades, que se encaixam como aquelas bonecas russas e que foram descobertas por diferentes pesquisadores, que em geral as nomearam. Essas grades, que deveríamos aprender a encontrar, são chamadas "redes telúricas".

Entre as diferentes redes atualizadas, duas serão usadas pelo mago telúrico: a rede Hartmann e a rede Curry.

A rede Hartmann

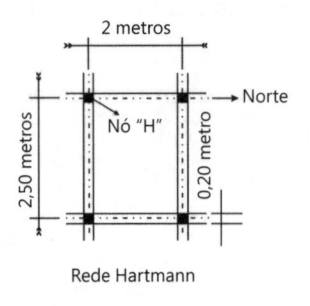

Para começar, a rede Hartmann será, sem dúvida, nossa rede de referência. A primeira coisa que se deve fazer ao chegar a um terreno é detectar essa rede. Ela tem o nome do doutor Hartmann, que foi seu (re)descobridor. Também é chamada de "rede global". É constituída de "malhas" com 2 metros a 2,50 metros, no sentido norte-sul. Os lados dessa rede são chamados, às vezes, de "muros" e têm 21 centímetros de espessura. Essas medidas podem mudar em função das intercorrências do terreno (fonte, falha, etc.), mas também por causa da forte atividade sísmica ou conforme as lunações. Essa rede tem a raiz na terra e se eleva na vertical.

Ela não é, em si, nociva. O que pode torná-la incômoda são os seus "nós" (os pontos de interseção da grade), que chamamos de "chaminés" ou "nós H". De fato, em função da natureza do elemento encontrado sobre (ou sob) este nó, essa chaminé tem uma lamentável tendência a transportar as energias encontradas em sua passagem, fazendo-as subirem à superfície. No entanto essa propriedade pode igualmente se revelar benéfica se essas energias levadas à superfície não forem negativas, mas, ao contrário, boas para os seres humanos. Vamos ver que essa rede, muito importante para nós, nos permitirá carregar objetos ou instalar nosso altar quando esta necessidade surgir.

A rede Curry

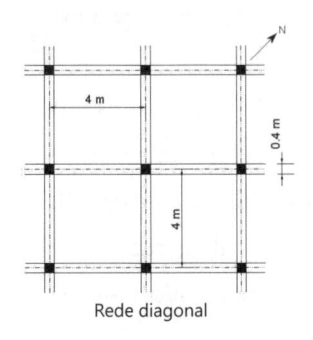

Aqui também temos o nome do descobridor, o doutor Curry, nesta rede que nos interessará, sobretudo, no caso de algum ritual importante que necessite de garantia de que nada irá perturbar nossa atividade. Essa rede é mais ampla que a rede Hartmann. Ela tem malhas de 4 metros sobre 4 metros, orientadas, por sua vez, na diagonal da rede Hartmann. É chamada também de "rede diagonal". Estes "muros" têm em média 40 centímetros de largura. Registre-se que a grade pode às vezes ser espaçada em 16 metros.

Como na rede Hartmann, são seus pontos de cruzamento que não podem ser negligenciados, ainda mais se eles forem sobrepostos aos da rede Hartmann. Esses pontos "geopatogênicos" são responsáveis por numerosas doenças e alguns tipos de câncer. É totalmente desaconselhável ter a cama sobre um desses pontos; quando temos conhecimento de que passamos um terço de nossa vida dormindo, imagine o que uma cama no lugar errado pode provocar...

Porém, no que diz respeito à magia telúrica, esta energia "bruta" nos permitirá, igualmente, ter uma fonte inesgotável que poderemos transformar e direcionar segundo nossa boa vontade...

Falhas, fontes e outros pontos geopatogênicos

A água

A água em movimento tem a tendência de criar um deslocamento de energia que é, em geral, *bastante negativo*. É um amplificador de *onda nociva*. A água parada, estática, tem igualmente um efeito negativo para as pessoas que dormem (ou ficam acordadas) bem em cima.

Salvo casos excepcionais definidos por alguns parâmetros, deve-se evitar, na maior parte do tempo, ter água sob uma chaminé telúrica.

Os acidentes de relevo

Estamos falando dos buracos, das falhas, das elevações... Eles podem ser classificados em três categorias:

- aqueles que têm como efeito amplificar a negatividade, como as falhas no interior das quais flui uma corrente. Suas paredes ressaltam a nocividade da água, o que amplifica o grau de negatividade na base da falha;
- aqueles que apenas geram a nocividade, como as falhas secas, os buracos, as cavernas... Como a água estagnada, o ar viciado também é nocivo;
- aqueles que desviam os campos de energia, como as montanhas, as colinas...

Em certas igrejas, os antigos construtores tinham previsto cavidades com o objetivo de gerar energia que, em pequenas doses, recarregasse a pessoa que se encontrasse acima. As criptas principalmente, eram situadas sob o altar e tinham esse objetivo. Nelas eram colocadas as relíquias de um santo ou de um personagem importante, que cristalizasse a esperança ou a veneração do povo. Essa veneração engendrava uma egrégora, que repercutia no nível do altar ou em um ponto particular da igreja definido quando sua construção era feita.

As ondas de forma

Estas são as ondas engendradas por certos objetos, que expandem sua ocupação em um campo bastante negativo. A detecção das ondas de forma é feita graças a um pêndulo. Note também que, se as formas podem produzir uma nocividade, outras formas, das quais as runas fazem parte, produzem também energias positivas e de utilização variada.

As interferências elétricas

O campo criado pela passagem da eletricidade pode ser considerado, talvez, o que há de mais perigoso. De fato, a corrente que passa nas linhas elétricas de alta tensão cria, à sua volta, campos magnéticos, o que produz em nosso organismo campos e correntes elétricas, com efeitos terríveis do ponto de vista biológico e de saúde. Alguns estudos de laboratório com animais demonstram que a exposição aos campos elétricos e magnéticos pode ser relacionada ao aumento da incidência de certos tipos de câncer.

Saber detectar

Eu aconselharia você, seriamente, a consultar a bibliografia do final do livro, na parte referente à "geobiologia", interessando-se pelas diferentes obras sugeridas, com destaque para o excelente *Guide Initiatique de La Radiesthésie* [Guia Iniciático de Radiestesia], do meu amigo Jean-Claude Secondé, bastante conhecido. No entanto eu vou falar de diversos instrumentos que poderão ajudá-lo a detectar as diferentes ondas de formas e as redes que serão úteis em sua prática. A ideia não é ter tudo, mas facilitar sua escolha a partir de minha experiência, que irá ajudá-lo a se desenvolver. Além disso, o fato de eu gostar ou não de alguma coisa, que demonstro nesta obra, não significa que ela não seja boa para você. Muitas pessoas seguem cegamente tudo o que ouvem ou leem, em vez de ter suas próprias experiências. Somos TODOS diferentes, leve isso em conta em suas buscas e escute a si mesmo antes de escutar os outros.

Os pêndulos

Para começar essa pequena lista, vamos ver o instrumento que, em minha opinião, é universal: o pêndulo. Há centenas — na verdade, milhares — de pêndulos diferentes. Isso é e não é bom. Não é bom porque o estudante pode ficar confuso diante de tanta oferta, e é bom porque certamente ele vai encontrar "o" pêndulo que corresponderá à sua necessidade.

A utilização de um pêndulo é relativamente simples: segura-se a corda ou corrente entre o polegar e o indicador da mão direita e define-se antes sua própria "convenção mental" para saber em qual sentido ele girará para responder "sim", sendo "não" no sentido inverso. Geralmente, o "sim" se faz no sentido dos ponteiros de um relógio e o "não" no sentido inverso. Mas algumas pessoas têm uma convenção mental diferente. Uma vez definida a "convenção mental", seu uso não é nada complicado. Coloca-se uma questão para a qual se busca uma resposta, "sim" ou "não", e o pêndulo dá sua resposta.

O problema no uso do pêndulo para todas as questões da vida é a objetividade do praticante. Uma questão sobre sua própria vida será, na maior parte do tempo, deturpada pela implicação emocional do operador, que desejará uma resposta precisa. Assim, para a pergunta "Será que essa mulher me ama?", se o operador já comporta esse sentimento, a resposta será "sim". A vantagem é que, na geobiologia, o resultado depende menos de sua implicação emocional. Que uma rede se localize aqui ou ali, importa pouco ao operador, e assim o resultado não será influenciado por suas emoções. Embora eu use bastante a antena de Lecher, da qual falaremos mais adiante, uso também bastante o pêndulo, mais prático para transportar e, sobretudo, mais discreto. Eu estendo a mão esquerda diante de mim, na altura de meus quadris, com a palma voltada para baixo. Seguro meu pêndulo com a mão direita e ele reage quando encontra um nó ou um muro (segundo minha convenção) de rede sob minha mão esquerda. No levantamento do terreno, e colocando "marcadores" nos locais detectados, termina-se rapidamente por traçar uma malha visual da rede que se procura. Ressalto, novamente, não se prenda a meu método, este livro não é um manual de radiestesia, eu recomendo que pesquise e trabalhe com algumas das obras indicadas no final.

Meu pêndulo preferido é um pêndulo egípcio que comprei em uma loja especializada em 1996. Ele é de madeira de acácia e tem a ponta de bronze. Era uma série limitada na época, e eu nunca encontrei outro que se compare a ele.

Entretanto, uma vez mais, é só minha humilde opinião. A seguir, listo vários modelos, em minha ordem de preferência.

O pêndulo egípcio

Sua forma remonta ao antigo Egito, onde foram descobertos alguns modelos em diferentes túmulos, entre os quais o de Tutancâmon. Sua vantagem é que pode não só ser usado como um pêndulo "clássico", mas também como instrumento da radiônica para recarregar os objetos, elevar um nível vibratório etc. Para esse último uso, eu recomendo a obra de Jean-Luc Caradeau, *Les fabuleux pouvoirs du pendule égyptien* [Os Fabulosos Poderes do Pêndulo Egípcio], citado na "bibliografia".

Pode ser encontrado, atualmente, em diferentes materiais, como arenito, cerâmica, ébano, cristal de rocha, faia e outras madeiras. Infelizmente, seu preço varia muito e as dimensões, importantes para as ondas de forma, variam o tanto quanto, e alguns deles, de egípcio, só têm o nome. Não hesite em manipular muitos, em sopesar exemplares de diferentes materiais (nós reagimos diferente ao peso de um pêndulo), e não se esqueça, jamais, de que preço não é, necessariamente, sinal de qualidade.

O pêndulo "Momeder microvibratório" ou "pião"

Um pequeno pêndulo simples, fabricado com madeira de faia e cobre, mas que tem uma capacidade de recepção excepcional. No que me diz respeito, o peso é perfeito para mim (em torno de 15 gramas) e permite diversas aplicações, como em radiestesia médica, por exemplo. Neste caso os preços também são variados, para um pêndulo de fabricação simples. Se você tem aptidões manuais, pode tentar fazer o seu sem medo, vai economizar um pouco e ter o prazer de fabricar sua própria ferramenta. Aliás, não está aí a alma do verdadeiro mago?

O pêndulo "bola" de madeira

Um grande clássico da geobiologia, que você mesmo pode fazer, e se encontra disponível em diferentes tipos de madeira. O peso pode variar, o que permite uma grande variedade de escolha. Confiável, é um pêndulo "de base", que continua a dar provas disso. Ele foi, durante muito tempo, o pêndulo preferido por vários geobiólogos.

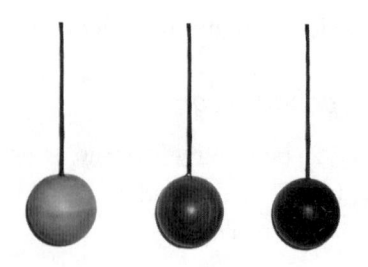

O pêndulo "equatorial"

Aparentemente um dos melhores para a geobiologia, mas não posso falar muito porque não tenho um. Acho que há uma grande ênfase "comercial" em torno desse pêndulo, que não é de difícil fabricação. Muitos sites na internet ensinam como fazer um. É preciso reconhecer que os preços praticados são proibitivos e que por isso não há motivo para não gastar um pouco de energia e fazer seu pêndulo, se tiver certeza de que o pêndulo equatorial é seu modelo preferido.

Eu não falei aqui dos pêndulos feitos de cristal de rocha porque, sinceramente, conhecendo as propriedades desse mineral, não acho que seu uso como pêndulo seja dos mais sensatos. Na verdade, o cristal de rocha tem a propriedade de absorver as energias que ele encontra. E como o radiestesista, justamente, é confrontado com todo tipo de energia, não lhe restam senão duas escolhas: ou limpar regularmente o pêndulo para descarregá-lo de tudo que irá armazenar ou "programá-lo" em função do trabalho desejado. Os dois casos implicam uma série de restrições que podem ser evitadas com qualquer outro tipo de pêndulo. Eis por que não vejo realmente interesse nessa ferramenta.

No que diz respeito aos outros tipos de pêndulo que venha a encontrar, não hesite nunca em testar, experimentar e fazer sua escolha com sua própria sensibilidade, ou, melhor dizendo, com seu próprio coração.

As varinhas de radiestesia

Vou apresentar aqui dois tipos de varinhas, frequentemente usadas em geobiologia e consideradas por alguns como "especialmente concebidas" para este uso. Sei que há inúmeros outros tipos, porém mais uma vez remeto você à bibliografia para obter mais informações a respeito.

As varinhas paralelas ("radmaster" ou "dual road")

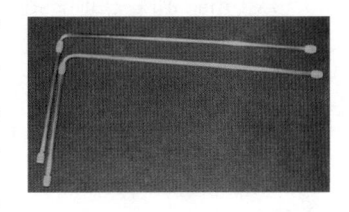

Entre as varas de vedor mais utilizadas, deve-se, sem dúvida, mencionar as famosas "radmaster" ou "dual road", que os soldados envolvidos nos conflitos no Vietnã usavam para encontrar água. Da mesma forma, não há um caminhão da empresa de gás GRDF na França que não tenha, ao menos, um par de "radmasters" para detectar as canalizações de gás que correm sob o solo.

Essas varetas são não só muito fáceis de usar (segure uma em cada mão à sua frente; quando elas se cruzam, o nó buscado se encontra abaixo), mas também fáceis de fabricar. Pegue dois cabides de roupa feitos de ferro, desmonte-os e dobre-os em "L" e pronto, você já tem seu "radmaster"! Quanto a isso, também, não hesite em buscar informações referentes ao seu uso na bibliografia.

A antena lobo ou lóbulo

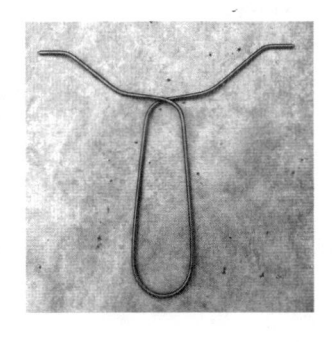

É um galvanômetro de latão ou bronze, destinado a detectar os "muros" da rede Hartmann. Alguns a utilizam também para detectar as diferentes nocividades que se pode encontrar sobre uma área. Pessoalmente, eu a acho um belo objeto, mas prefiro a antena de Lecher, que é bem mais polivalente. Embora eficaz, este não é um objeto fácil de transportar, nem muito discreto.

Há uma enorme variedade de outras varinhas, tanto criações de pesquisadores isolados como modelos que atravessaram decênios, e neste caso você também deve experimentar, testar e fazer a sua escolha. Vejamos, agora, um modelo que conheço bem, pois eu o uso há mais de quinze anos: a antena de Lecher...

A antena de Lecher

Para concluir este capítulo, vou falar de uma ferramenta que utilizo há muitos anos, não tão fácil de achar, mas de extrema utilidade em diferentes situações. Gostaria de, antes, destacar o que considero uma aberração na França: há inúmeros fabricantes de antena de Lecher, mas apenas uma obra, publicada em 1990 e depois repetidamente reeditada, sem jamais ter sido atualizada com os resultados de pesquisas e descobertas feitas de lá para cá por numerosos pesquisadores independentes de nosso planeta. Assim, se você comprar uma antena de Lecher, será necessário se armar de paciência e muito esforço para conseguir manejá-la com destreza. Por quê? Simplesmente porque não há nada melhor do que observar alguém usando-a para compreender como fazê-lo. Além disso, como a antena de Lecher atende a normas físicas precisas, parece que poucos fabricantes tiveram o cuidado de analisar o quão importante é a diversidade de qualidade das antenas encontradas no mercado. É este o motivo de, após anos de experimentações, eu ter fabricado a minha própria antena, seguindo o critério físico preciso, principalmente em relação à sua sensibilidade e incorporando um cristal de rocha que amplifica essa receptividade.

Concluindo, esta ferramenta fantástica nos permite encontrar todos os tipos de coisas — tão diferentes quanto as diversas redes, as falhas, as fontes, os metais, etc. E nos permite igualmente trabalhar no âmbito da bioenergia. Não hesite em fazer um curso sobre a antena de Lecher antes de procurar essa ferramenta para ter certeza de que terá um objeto que você saberá usar e que atenderá a todas as suas expectativas.

Este capítulo sobre geobiologia termina aqui. Como eu havia avisado, não passa de uma visão geral desta ciência, em que você precisará aprofundar-se com obras escolhidas na bibliografia proposta ou outras obras nada exaustivas.

A tradição celta

"Toda caminhada é uma caminhada espiritual."
SABEDORIA CELTA

Ao escrever este livro, eu me voltei resolutamente à alma celta. Esta reminiscência das crenças que todo europeu possui, enfurnada em si mesmo, sob 2 mil anos de dominação cristã. No entanto, no momento em que entram em colapso as religiões dogmáticas e em que a prática de artes naturais, assim entendida a magia, volta à ordem do dia, é evidente que para muitos de nós ressoam no fundo de nossos tímpanos as bombardas e gaitas de fole de nossos antepassados. Mas o que sabemos nós realmente sobre esses celtas que assombram nossas histórias e nosso imaginário fantástico? Cabe, portanto, um capítulo sobre os conhecimentos reais da tradição celta neste livro para conferir o que mantivemos e o que perdemos por intermédio da magia telúrica.

Um pouco de história

Os celtas colonizaram a Ásia Menor e uma grande parte da Europa, do século VIII a.C. ao século III de nossa era, por mais de mil anos, portanto. Antes de Heródoto, eles estavam presentes da península Ibérica (Espanha) até a Romênia, passando pela França, pelo norte da Itália, pela Alemanha, Boêmia, Morávia, Eslováquia, Áustria e Hungria.

Nos séculos II e I a.C. os celtas foram submetidos no continente à pressão dos romanos, ao sul, e do império dácio e dos alemães, no leste.

As invasões de bandos armados, assim como a pressão demográfica dos alemães, provocaram migrações de povos celtas para o oeste, como a dos helvécios, que geraram tensões com os povos gauleses. Tudo isso acabou dando origem à guerra gaulesa e marcou o fim da independência celta no continente a partir de 58 a.C.

César interveio então, para conter a instalação dos helvécios na Gália do oeste, de onde poderiam ameaçar a Gália do sul.

Dominada pelos romanos, uma parte da Gália se rebelou em janeiro de 52 a.C. Depois da derrota do chefe Vercingétorix em Alésia, a Gália foi inteiramente ocupada. Os últimos opositores foram vencidos em 51 a.C. em Uxellodunum, onde estavam refugiados.

No século I de nossa era, a Ilha da Bretanha, por outro lado, foi conquistada. A partir daí, a civilização celta ficou restrita apenas à Irlanda e ao norte da Escócia. A Helvécia foi germanizada entre os séculos V e VI. A população bretã, que havia em parte conservado o idioma celta, e a irlandesa se cristianizaram a partir do século III (o V para a Irlanda) e evoluíram e deram origem a irlandeses, escoceses, bretões, galeses e córnicos modernos.

Religião e mitologia

Infelizmente, sendo a tradição celta essencialmente oral, não podemos buscar senão em fontes externas e frequentemente posteriores ao celtismo para conhecer mais sobre suas crenças. E o que nos revelam essas fontes? Até onde sabemos, eram os druidas que dirigiam o conjunto de ritos religiosos dos celtas. Antes do século III a.C., eles se reuniam nas clareiras ou nas proximidades das fontes, lugares altamente carregados de energia telúrica, caso houvesse. Posteriormente, surgiram construções rodeadas de paliçadas, que serviram como templos.

A classe sacerdotal dos celtas é composta, como em toda tradição iniciática esotérica, de três "graus" principais, que são os ovates (adivinhos, curandeiros), os bardos (encarregados de compor os cantos e os poemas) e os druidas, que representam a mais alta classe do sacerdócio, desempenhando o papel de padre, juiz, historiador, mago e de muitos outros ainda.

Deve-se notar, contudo, que, além da imagem idílica que temos do druida, este era também encarregado dos sacrifícios, por vezes humanos...

Um outro inconveniente da oralidade da tradição celta é, certamente, sua falta de escrita. Embora eles nos tenham legado a escrita ogham, nada nos autoriza pensar que ela tenha sido a escrita oficial. Na verdade, os oghams foram formados a partir do alfabeto latino e serviam basicamente de linguagem codificada. Eles foram definidos apenas a partir do século III de nossa era.

Quanto ao panteão celta, ele é variado, já que resulta de fontes bastante distintas, e também pela diversidade do próprio povo celta e dos diferentes locais de sua ocupação.

Assim, conforme um artigo da Wikipédia[1] que lhe é dedicado, encontramos no panteão gaulês, segundo Lucain, uma tríade Taranis/Ésus/Toutatis. Contrariamente ao que se poderia pensar, nenhum desses deuses tem papel claramente definido, e suas características são frequentemente intercambiáveis conforme a região.

Toutatis (Teutates, Totiourix, Teutanus): pode ser do protocelta *teuta* (tribo) e *tato* (pai), comparado por Lucain tanto a Mercúrio quanto a Marte. Toutatis seria, talvez, o *Dis Pater* mencionado por César, mas nada comprova isso de forma explícita. É considerado, em geral, de forma esquemática, como o deus do céu.

Taranis: talvez do gaulês *taran* (trovão); o que não é claro, porque ele é também o deus solar e o deus celeste. Seus atributos indicam que ele é, além disso, o deus do trovão, da guerra, do fogo, dos mortos, mas também do céu.

Ésus: deus artesão, deus peregrino, protetor dos comerciantes, desbravador de florestas e carpinteiro.

Lugus (Lug): talvez do protoindo-europeu *leuk* (luz). Deus pancelta não registrado na Gália, mas cujo culto é considerado como provável, com base na toponímia (Lyon/Laon/Lugdunum, etc.). Tem-se frequentemente pensado que o Mercúrio de que fala César era Lugus. Porém Mercúrio é também associado a Toutatis e a Ésus.

Sucellos: deus do malhete (que mata e ressuscita) e do tonel (símbolo da prosperidade), ele equivale ao Dagda irlandês, que possui talismãs com as mesmas funções: uma clava e um caldeirão. Deus das florestas e da agricultura.

---

[1] http:/fr.wikipedia.org/wiki/Mythologie_celtique.

Encontramos também alguns deuses "totêmicos" que o neopaganismo recuperou atualmente. Esses deuses tinham os atributos de animais, mas isso não significa, ao contrário do que acontece em outras civilizações, que os celtas venerassem deuses metade homens, metade bestas: os atributos animais não estavam lá senão para sublinhar um aspecto simbólico do deus.

Cernunnos: deus-cervo, verdadeiramente uma divindade do mundo subterrâneo, intermediário entre o mundo dos vivos e o dos mortos, mas também ligado à natureza e aos animais.

Epona: (do gaulês *epos*: cavalo), protetora dos cavalos, abonada na atual Bulgária, nas ilhas britânicas e na Gália.

Damona: o teônimo vem do gaulês *damos*, que significa "vaca". Deusa das fontes, ela aparece como a consorte de inúmeras divindades: Borvo, Albius e Moritasgus.

Outras divindades vêm se juntar a esse panteão já bem extenso:

se **Taranis** está representado em baixos-relevos com o símbolo da roda solar, César, por outro lado, associa o Sol a diferentes deuses locais: **Belenus** (aquele que brilha) (Vosges), **Grannus** (Rhénanie).

Borvo: deus do fogo subterrâneo e das fontes borbulhantes. Na forma *Bormanus*, seu nome é associado à consorte Bormana (talvez Damona).

Ogmios: os romanos o comparavam a Hércules, talvez o ancestral do Ogma irlandês.

Belisama: principal divindade feminina (a mais brilhante), divindade do fogo comparada à Héstia grega.

Maponos: deus da força e do vigor.

Nissyen e Evnissyen: deuses gêmeos registrados no *Mabinogion* (mitologia celta galesa), mas que devem ter existido na Gália 1.500 anos antes com outros nomes que não chegaram até nós, pois os autores latinos indicam a existência de lugares de culto a Castor e a Pólux, conforme a interpretação romana. Esses deuses poderiam ter a mesma origem indo-europeia que os dioscuros ou os ashvins.

Entre as divindades mais antigas, algumas vêm diretamente do neolítico pré-celta. Aí encontramos um animismo muitas vezes local, demonstrando a que ponto os celtas experimentavam a vida em lugares bastante carregados de energia telúrica. Assim, não era raro associar um deus ou uma deusa a uma fonte ou a um rio. Encontramos, por exemplo, **Abnoba** e **Arduina**, deusas da floresta (a segunda deu seu nome às Ardenas), **Damona, Dunisia, Niskae, Ilixo, Lugovius, Ivaos, Moritasgus, Nemausus, Arausio, Vasio**, divindades das fontes. Essas divindades acabaram dando o nome a cidades: Nîmes (Nemausus), Luchon (Ilixo), Luxeuil (Lugovius), Évaux (Ivaos), Orange (Arausio), Vaison (Vasio), Damona na forma Bormana (Bourbonne-les-Bains). Encontramos também, em diferentes locais, e notadamente nos Pireneus, menções a deuses-árvores (deus-faia, deus-carvalho, deus-macieira, etc.), sem dúvida correspondendo às "árvores-mestras", mecas da presença telúrica, protegidas pelas hamadríades, às quais voltaremos (assim como as fontes, elas também são guardadas por tritões e sereias, e vemos despontar aí a origem das fadas do mundo celta).

O panteão irlandês

Contrariamente aos celtas do continente e, em menor escala, aos da ilha da Bretanha, os da Irlanda, que protegida por sua insularidade não foi invadida nem ocupada, não sofreram a influência da civilização romana. Foi preciso esperar o século V para que Maewyn Succat (São Patrício para os cristãos) convertesse a classe sacerdotal irlandesa. De pronto, seu panteão nos lembra um pouco o que devia ser o panteão celta em sua origem.

Os Tuatha Dé Danann

É com este nome que são agrupados os deuses celtas da Irlanda, cujo significado é "povo da deusa **Dana**". Originários de quatro ilhas ao norte do Mundo (Falias, Gorias, Findias e Murias), eles desembarcaram num dia de Beltane conduzidos pelos druidas Morfessa, Esras, Uiscias e Semias. Os Fir Bolg foram derrotados na batalha de Mag Tuireadh (Cath Maighe Tuireadh), mas os deuses foram suplantados pelos Milesianos e precisaram se refugiar no Outro Mundo.

Deuses principais

Lug, uma das raras divindades panceltas, é o deus primordial e supremo dos Tuatha Dé Danann. Apelidado *samildanach* (o "politécnico") ou *lamfada* ("de braço comprido"), ele domina todas as artes e todas as técnicas e tem os poderes de todos os outros deuses. É filho de **Cian** e **Eithne**, mas é também aparentado dos Fomoires, por seu avô materno **Balor**. Ele é associado à festa religiosa de Lugnasad.

O **Dagda** é o deus-druida (e portanto deus dos druidas), cujo teônimo significa "deus bom", ou "superdivino". Ele reina sobre o tempo, a eternidade e sobre os elementos, sendo também um guerreiro poderoso. Tem um lado paternal e provedor. É muitas vezes descrito como um gigante horrível e um ogro lascivo. Suas ligações com as deusas são numerosas. É pai de **Brigit** e irmão de **Ogme**.

Ogme, que encontramos na Gália com o teônimo Ogmios, é o deus da magia guerreira e tem o poder de paralisar seus inimigos. É também o inventor da escrita, e a ele é atribuída a criação dos oghams. É descrito como um velho que tem uma corrente presa à língua, que o liga aos homens. Na batalha de Mag Tuireadh, sua habilidade guerreira garantiu um terço das vitórias.

Nuada é o "rei" do povo da deusa Dana, é a personificação da realeza e da soberania. Como teve o braço direito amputado, deficiência discriminatória para o exercício da realeza, teve de ceder o lugar a **Bres**, do povo dos fomorianos, cujo reinado foi de curta duração. **Diancecht**, o deus curandeiro, lhe fabricou uma prótese de prata, que lhe permitiu recuperar a soberania.

Goibniu, o deus-ferreiro, filho de Brigit e Tuireann, é o chefe dos artesãos metalúrgicos, responsável pela fabricação das armas mágicas. Graças a seu martelo mágico, ele pôde fabricar uma espada ou uma lança perfeita em três golpes. É irmão de Credne e Luchta. No Outro Mundo, ele fabrica a cerveja e serve aos outros deuses no Festim da Imortalidade. Seu equivalente galês é **Gofannon**.

Credne Cerd, o deus-bronzista, filho de Brigit e Tuireann. Na *Batalha de Mag Tuireadh*, ele fabrica as armas com seus irmãos Goibniu e Luchta.

Luchta, o deus-carpinteiro, filho de Brigit e Tuireann. Na *Batalha de Mag Tuireadh*, ele é responsável por trabalhar a madeira das lanças; seus irmãos são Goibniu e Credne.

Diancecht, deus-médico dos Tuatha Dé Danann; seu nome significa "ação rápida", pois sua magia é precisa e sua medicina é eficaz; ele cura e reabilita os feridos, ressuscita os mortos imergindo-os na Fonte de Saúde. Avô de **Lug**, ele é o pai de **Cian**, **Airmed**, **Miach** e **Ormiach**.

Oengus, também conhecido pelo nome de **Mac Oc**, é o filho de Dagda e de Boand. Trapaceando, conseguiu expulsar seu pai de sua residência. Ele representa o tempo.

Brigit é a deusa-mãe, a grande deusa cujo teônimo significa "bem alta", "bem elevada". Associada à festa de **Imbolc**, seus domínios são as artes, a guerra, a magia e a medicina. Ela é a patrona dos druidas, dos bardos (poetas), dos vates (da adivinhação e da medicina) e dos ferreiros. Única divindade feminina, pois as outras deusas são apenas a personificação de um de seus aspectos. A importância de seu culto levou ao aparecimento de uma santa católica homônima.

Étain é a filha de Diancecht (ou de Riangabair, segundo algumas fontes), esposa do rei **Eochaid Airem** sobre a terra e do deus Midir no Outro Mundo.

Eithne representa a feminilidade no nível divino, ela é uma personificação da Irlanda. Filha de **Delbaeth** (o caos primordial), é esposa de Lug, o deus supremo.

Boand (ou Boann) representa a prosperidade; seu teônimo significa "Vaca branca", o que a aproxima da **Damona** gaulesa. É esposa de **Elcmar**, o irmão de Dagda, e sua relação com o cunhado resultou no nascimento de Mac Oc. Ela é a divindade homônima do rio Boyne.

Mórrígan, esposa do Dagda, é uma divindade guerreira, ou, mais exatamente, do aspecto guerreiro da soberania. Presente nos campos de batalha, ela pode se apresentar em diferentes formas, sendo a mais comum a de um corvo.

Pode-se constatar, diante da importância desse panteão, que é relativamente difícil observar uma coesão perfeita entre todas as sociedades celtas. Em certas regiões, são encontrados traços de crenças com mais de quatrocentos deuses diferentes. Além disso, as analogias com outros panteões, como o dos *vikings* e dos antigos escandinavos, são numerosas, e não é difícil encontrar os traços de um no outro, e vice-versa.

A contribuição dos povos germânicos

Está claro que os povos do norte, escandinavos, suecos, entre outros, se relacionaram com a sociedade celta. Marinheiros experientes, eles tinham desembarcado na maior parte das terras conhecidas, até mesmo desconhecidas (América); é, portanto, inegável que tiveram contatos privilegiados com a cultura celta. Comparando estas duas civilizações, encontramos uma raiz comum (indo-europeia), uma divinização da natureza, deuses comuns nos panteões e uma arte relativamente próxima. Pode-se constatar facilmente as semelhanças visíveis entre os oghams celtas e as runas dos países do Norte. Embora os povos do Norte não tivessem druida, nada nos impede de pensar que os druidas talvez tivessem recuperado uma parte da "magia do norte" pouco antes da cristianização do mundo celta.

A religião dos povos do Norte, tal como nós a conhecemos, foi transcrita apenas depois de sua cristianização. E os pesquisadores descobriram que ela tinha sua base nos deuses (Odin, Freya, etc.) dos panteões gregos e romanos. Porém, no início, a religião do Norte venerava a Terra mãe como fonte de todo princípio, como os próprios celtas, e por essa veneração podemos constatar sua utilização da energia telúrica.

O conhecimento que temos dos povos do Norte hoje em dia se deve essencialmente à sua proximidade com nossa época, em comparação com os celtas, mas igualmente porque os *vikings* vasculharam, durante muitos séculos, nossas costas e se misturaram às populações locais. Assim, não se pode negar a mistura das populações do Norte com as sociedades celtas se fundindo docemente na civilização cristã.

É por todas essas razões que, embora as runas não sejam de origem celta, eu resolvi usá-las nesta magia telúrica quando considero a alma celta, pois me parece que essas duas culturas não são tão diferentes, ou melhor, na verdade, me parece que elas são complementares.

No entanto, poderão me perguntar, em vista da história da epopeia celta: o que temos ainda em comum com estes longínquos ancestrais? Este é, justamente, o assunto deste livro. Se, no século XXI, as pessoas ainda se vestem de druida e tentam reviver antigas tradições e antigos ritos desaparecidos, se a figura do druida nos toca ainda tão profundamente na era da internet e das bombas nucleares, é como se, mesmo que tenhamos conseguido fazer desaparecer uma população, sua alma estivesse ainda bem presente — e permanecerá assim por muito tempo, enquanto os homens e as mulheres lhe dedicarem uma fé sem limites. Eu gostaria de citar aqui um texto de *Comment peut-on être Breton? Essai sur la Démocratie française* [Como Podemos ser Bretões? Ensaio sobre a Democracia Francesa], de Morvan Lebesque (éditions du Seuil, 1970), transformado em música em 1976 com o título "La découverte ou l'ignorance" ["A descoberta ou a ignorância", pelo grupo Tri Yann, que, em minha humilde opinião, se substituir o termo "bretão" pelo termo "celta", resume perfeitamente o que significa a alma celta:

"O bretão é minha língua materna? Não: eu nasci em Nantes, onde ele não é falado. Sou eu um bretão? Acredito verdadeiramente que sim. Mas de "raça pura", seja lá o que isso significa e a quem interessa?... Separatista? Autônoma? Regionalista? Sim e não: diferente. Mas, então, fica-se sem entender. O que significa ser bretão? E mais, por que o ser?

"Estado civil francês, sou denominado francês, assumo a cada instante minha situação como francês: meu pertencimento à Bretanha é, em troca, apenas uma qualidade facultativa que posso perfeitamente renegar ou desprezar. Aliás, já fiz isso. Ignorei por um bom tempo que eu era bretão... Naturalmente francês, me foi necessária uma superdose de Bretanha, ou, melhor dizendo, tomar consciência dela: se perco esta consciência, a Bretanha deixa de existir em mim; se todos os bretões a perdem, ela deixa de existir. A Bretanha não tem registros. Ela existe apenas à medida que cada geração de homens se reconhece bretão. Atualmente, nascem crianças na Bretanha. Serão elas bretãs? Ninguém sabe. Cada uma delas, no tempo certo, **vai descobrir ou ignorar**..."

E você, será que é um celta?

Oghams e runas

"O mistério da escrita é que ela fala."
PAUL CLAUDEL

Os oghams

Magia

A tradição celta, como já dissemos, era essencialmente oral, e nada foi deixado escrito. Entretanto, ao que parece, era usada uma escrita sagrada, cujos primeiros sinais remontam a 200 d.C., portanto, ao final da era celta. Essa escrita era chamada "ogham", e não sabemos grande coisa dela, senão que cada letra era semelhante a uma árvore e que ela podia servir a fins mágicos ou divinatórios. Fora isso, não sabemos mais nada. Portanto, após 2 mil anos de existência, não se pode negar que essa escrita transmite ainda hoje "a alma celta", que ela nos conecta à egrégora de onde surgem os druidas. Por isso eu não poderia deixar de integrá-la à magia telúrica. Embora minha prática esteja fortemente integrada ao sistema rúnico, eu utilizo em paralelo os oghams para nomear as diferentes ferramentas da prática, como o bastão telúrico, no qual inscrevi os oghams que correspondem a seu nome. É isso. Meu uso de ogham se restringe a isso, mas, a título de informação, e para que você dê nome também a suas ferramentas, eis as diferentes letras que compõem os oghams, seu nome e sua analogia com as árvores. Elas fazem uso de uma linha, de alto a baixo, como no exemplo ao lado, onde está escrito "magia".

BEITH — B — Novembro (primeiro mês do ano celta) — representa a bétula, símbolo de pureza, árvore de Ostara e, portanto, da renovação, da juventude e da luz. Protege das ondas negativas. Simboliza, também, um novo começo.

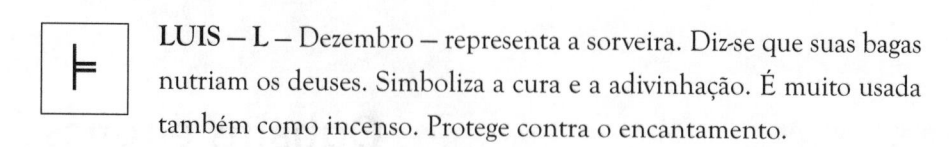

LUIS – L – Dezembro – representa a sorveira. Diz-se que suas bagas nutriam os deuses. Simboliza a cura e a adivinhação. É muito usada também como incenso. Protege contra o encantamento.

FEARN – F – Janeiro – representa o amieiro, que precisa de umidade; é a árvore dos quatro elementos. É também a árvore dos guerreiros, simbolizando a força. Proteção espiritual. Merlin fez crescer teixos do tronco dos amieiros, o que significa que da realeza terrestre podia emanar a soberania espiritual.

SAILLE – S – Fevereiro – representa o salgueiro, árvore da Lua, da mulher e da Água. Extrai-se de sua casca o ácido salicílico usado para a Aspirina. É uma árvore de aspecto melancólico, mas que pode simbolizar o amor e a inspiração. Símbolo da noite e dos ritmos lunares.

NION – N – Março – representa o freixo, árvore sagrada da vida, do mundo para os druidas, mas também Yggdrasil no Norte da Europa, árvore onde repousam os nove mundos. É uma das árvores mais utilizadas por suas virtudes medicinais (diurética, anti-inflamatória, contra os reumatismos, etc.). Símbolo do renascimento e da fecundidade do mar. Os monges cristãos marcaram sua vitória sobre o druidismo queimando os freixos sagrados das cidades irlandesas e bretãs. Entretanto suas fortes raízes sufocaram as das outras árvores, profecia do renascimento do druidismo.

UATH – H – Abril – representa o espinheiro, árvore sagrada de Beltane. Símbolo do casamento, do amor e da proteção, é também a árvore do mundo feérico, que tinha o poder, nas noites de Beltane e de Samain, de nos transportar a este mundo mágico. Simboliza a pureza impenetrável.

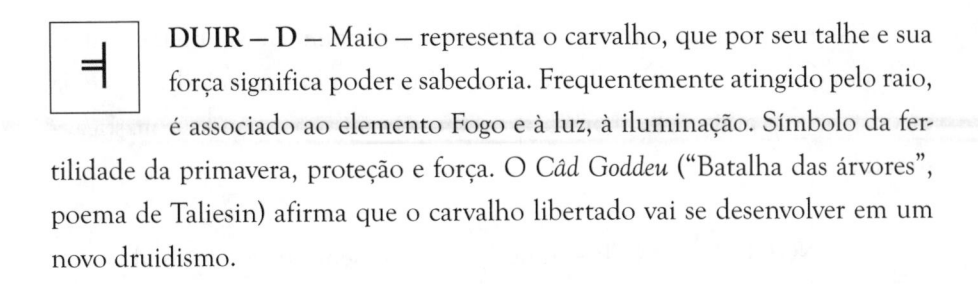

DUIR – D – Maio – representa o carvalho, que por seu talhe e sua força significa poder e sabedoria. Frequentemente atingido pelo raio, é associado ao elemento Fogo e à luz, à iluminação. Símbolo da fertilidade da primavera, proteção e força. O *Câd Goddeu* ("Batalha das árvores", poema de Taliesin) afirma que o carvalho libertado vai se desenvolver em um novo druidismo.

TINNE – T – Junho – representa o azevinho. Pequeno arbusto de inverno, simboliza a continuidade da vida e, portanto, do ciclo da morte. Equilibrada, a madeira do azevinho era empregada para criar as pontas de lanças, forte no combate e nos argumentos. Nos mitos galeses, dois cavaleiros, o do Carvalho e o do Azevinho, se enfrentavam no dia 1º de maio.

COLL – C – Julho – representa a aveleira, árvore da inspiração para os celtas. Os druidas utilizavam pauzinhos da cor de avelã para simbolizar a energia. É a árvore da sabedoria, da intuição, da poesia, da meditação, e da adivinhação. A aveleira era associada ao poço e ao ensinamento secreto, e serve ainda para confeccionar as hastes de radiestesia.

QUERT – QU/K – representa a macieira, fruto do conhecimento da Ilha de Avalon, que depois se tornou o fruto proibido para os cristãos. É a árvore mais cultivada desde a Antiguidade. Simboliza o amor, mas também a cura, pois seu suco é bom para a saúde. Símbolo da escolha e da beleza, nutria os poetas.

MUIN – M – Agosto – representa a videira, símbolo da verdade e da liberdade de expressão. Ela simboliza a vida e a ressurreição. Tornou-se, depois, o símbolo cristão. Profecia e honestidade, símbolo da espiritualidade e da eternidade nas obras da matéria e do espírito.

GOART – G – Setembro – representa a hera. Pode ser uma poção mortal ou totalmente inofensiva, conforme o tipo. Diz-se que a hera que cresce sobre a casa é um escudo protetor possante contra as ondas negativas. Mas em certas culturas ela pode também simbolizar a alma e a busca do conhecimento. Símbolo do labirinto, da busca do indivíduo e da inconstância da alma. A hera provocava revelações místicas quando se mastigava suas folhas.

NGETAL — NG/P — Outubro — representa o caniço, símbolo da purificação, da renovação, de um novo começo. Simboliza as novas experiências da vida. Capacidade das armas espirituais, símbolo da vitória no caos.

STRAIF — Z — representa o pilriteiro-negro, símbolo do destino. Poder do destino e das influências exteriores. Símbolo da força na adversidade.

RUIS — R — representa o sabugueiro, símbolo do ciclo da vida (do fim e do recomeço), chamado também de árvore das fadas (maléficas que vêm ferroar os bebês adormecidos). É, portanto, também um símbolo da maldição.

AILM — A — representa o abeto, árvore de Yule (solstício de inverno), que simboliza a vida. Expressa a capacidade de mudança. Visão clara do futuro.

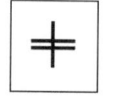

ONN — O — representa o tojo, planta da Ostara, pois com suas flores douradas ela ilumina os pântanos. Simboliza a liberdade e a pureza. Diz-se que é possível ver os duendes quando nos aproximamos do tojo. É uma planta bastante mística.

UR — U — representa a urze. Esta planta não tem muito simbolismo. É associada às ericáceas, uma versão que, na Itália, rege as paixões amorosas. Planta da paixão, associada à montanha, às abelhas e ao verão.

EADHA – E – representa o álamo, com sua altura e sua forma, representa o elemento Ar e simboliza a durabilidade. Símbolo da palavra protetora e da velhice.

IDAD – I – representa o teixo, símbolo da morte e do renascimento, a transformação. Poção mortal, simboliza também o ciclo infinito da vida. Árvore funerária ilustrando a eternidade e a continuidade dos ciclos da vida, ligando a morte e o renascimento.

EBAD – EA – representa a faia-preta. Simboliza a comunicação com o mundo invisível e é também uma boa proteção contra as ondas negativas. Lugar sagrado que contém todo o conhecimento.

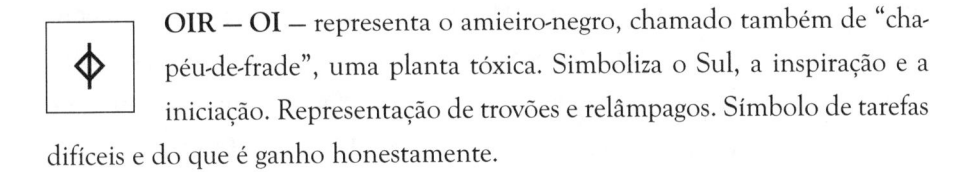

OIR – OI – representa o amieiro-negro, chamado também de "chapéu-de-frade", uma planta tóxica. Simboliza o Sul, a inspiração e a iniciação. Representação de trovões e relâmpagos. Símbolo de tarefas difíceis e do que é ganho honestamente.

UILANN – UI – representa a madressilva, símbolo do charme, da atração, da doçura. Simboliza o Oeste. Permite separar o verdadeiro do falso. A madressilva era a árvore dos oráculos.

LFINN – IO – representa o pinheiro. Esta árvore simboliza a claridade com seu tronco lustroso. É benéfica para o espírito, para ter ideias claras e para não se perder. Simboliza o livro, a história e a escrita.

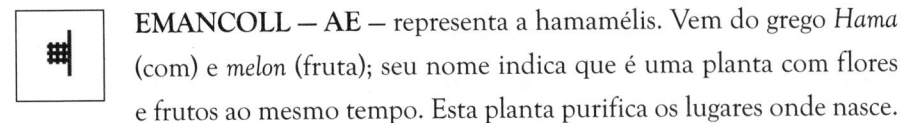

EMANCOLL – AE – representa a hamamélis. Vem do grego *Hama* (com) e *melon* (fruta); seu nome indica que é uma planta com flores e frutos ao mesmo tempo. Esta planta purifica os lugares onde nasce. Simboliza a absorção (de ondas negativas). Símbolo de Manannan, deus celta do mar e do conhecimento secreto.

As runas

Embora específicas das tradições do Norte, os arqueólogos encontraram alguns sinais de seu uso no final da era celta, em objetos ou pedras para uso mágico. Pode-se pensar que, se os celtas continuassem existindo, os druidas teriam, sem dúvida, adotado as runas em suas práticas. Eu, particularmente, sempre me senti atraído por elas, sem realmente saber por quê. Sendo minha tradição mágica de aprendizado judeu-cristã (cabala, hermetismo, etc.), tive, no entanto, muita dificuldade em aceitá-las, apesar dessa atração. Até que uma amiga de Quebec me ofereceu um jogo de runas que ela havia gravado em pedaços de madeira tirados diretamente das árvores das florestas em torno de sua casa (eu agradeço a ela aqui novamente, de passagem, mais uma vez! Obrigado, Mimi!). Esse presente não poderia ficar sem uso, e hoje em dia eu o tenho sempre junto de mim. Se você colocar em prática o que está escrito neste livro, logo perceberá que seu poder é bastante forte e praticamente ilimitado. Assim como acontece com muitas coisas na magia, o único limite será sua imaginação. Nesse meio-tempo, eu recomendo que aprenda as diferentes analogias que apresento a seguir, aprenda seu nome de coração e suas funções mágicas, o que fará com que ganhe um tempo precioso em sua prática cotidiana, sobretudo em situações em que poderá contar apenas com seu bastão telúrico e seu saquinho de runas...

O oito de Frey

O primeiro grupo de runas pertencente ao *Futhark* original leva o nome do deus da fecundidade: Frey. Este grupo é composto de oito runas.

Fehu

Nomes mais conhecidos:
germânico (GMQ): *Fehu*, bens móveis, pecuária;
gótico (GO): *Faihu*, pecuária, bens móveis;
inglês antigo (IA): *Foeh*, pecuária, dinheiro;
nórdico antigo (islandês antigo) (NA): *Fé*, gado, dinheiro.

Valor fonético: "F" de fogo.

Usos mágicos

1. Reforçar os poderes psíquicos.
2. Ser um canal para a transferência ou a projeção de poder; *Fehu* é a runa para projetar.
3. Atrair para o indivíduo o poder do Sol, da Lua, das estrelas.
4. Permitir o desenvolvimento pessoal e social.
5. Fazer crescer a riqueza pessoal.

Definição esotérica do nome: bens móveis; poder. Representa também o patrimônio, o gado, o rebanho, a pecuária. As riquezas "móveis".
Ideografia da runa: os chifres de um rebanho bovino.
Palavras-chave: força móvel, energia, fertilidade, criação/destruição (futuro).

Simbolismo fundamental

Esta primeira letra evoca a ideia de movimento e de impulsão primordial. É uma força transbordante que vai abrir um ciclo evolutivo. É uma energia de força e movimento. A letra *fehu* pode também ser associada ao instinto, à energia pura emanando de zonas muito profundas de nosso psiquismo: a vontade instintiva de criar, de avançar, de apreciar a experiência da vida. As ideias de abundância e de riqueza estão ligadas a ela, pois ela remete à energia que transborda sem limites e que é a base de tudo o que criamos. É a força fundamental, a centelha que dará a partida. O símbolo do gado se assemelha, por outro lado, a essas conotações de força instintiva e de abundância material.

Interpretação divinatória

Força, saúde e prosperidade. Os bens adquiridos e que trazem uma riqueza material. É também o início de alguma coisa, o impulso inicial.

O conselho do druida

"Reconheça em si a fonte da energia universal. Fale com ela, e ela lhe levará a conhecer seus desejos profundos, que irão liberar seu potencial mágico. Controle seus instintos e poderá, então, canalizá-los e usá-los a seu favor, para sua evolução."

Analogias

Cores: cores do fogo jorrando, semelhante à lava dos vulcões.
Árvore: aveleira, precoce e impaciente.
Pedras: granada, vermelha como o sangue (paixões), rodonita — rosa e preta (os extremos).
Animal: cervo, representando o poder masculino e fecundo da natureza.
Divindades: Frey/Freya.
Polaridade: feminina.
Elementos: Fogo/Terra.
Influências astrológicas: Casa II e Vênus.

Runas relacionadas

Com *Uruz* = poder de cura.
Com *Ansuz* e/ou *Erda* = traz abundância.
Com *Dagaz* = aumenta a riqueza.

Uruz

Nomes mais conhecidos:
GMQ: *Uruz*, auroque;
GO: *Ùrus*, auroque;
IA: *Ùr*, boi, bisão;
NA: *Ùr*, garoa, chuva.

Valor fonético: u, v, ou como o *ou* do francês *ourse* (ursa – um dos símbolos da Mãe).

Usos mágicos
1. Desenvolver processos criativos pela vontade e inspiração.
2. Curar e conservar uma boa saúde mental e física.
3. Criar as circunstâncias favoráveis.
4. Induzir a corrente geomagnética (energia telúrica).
5. Acelerar um processo de causa e efeito.
6. Se conhecer e se compreender.

Definição esotérica do nome: auroque – a força original; a vaca Audhumla no Edda, ou a bruma, a essência fertilizante original. A consciência se recolhe, o que favorece o silêncio e a escuta no que diz respeito à expressão e ao movimento. É uma gestação que precede o nascimento de qualquer coisa.

Ideografia da runa: chifres de auroques (um bovino desaparecido) ou o chuvisco. Esta letra evoca uma energia que se dobra sobre ela própria, ou que parece abrigar ou proteger alguma coisa.

Palavras-chave: arquétipo, sabedoria, saúde, fonte vital.

Simbolismo fundamental

A primeira runa, *Fehu*, que representa a energia primordial, precisa de um receptáculo para cumprir o processo de criação materna. *Uruz* é esse receptáculo e está, portanto, ligado ao arquétipo da mãe. Representa o poder da gestação, que permite dar uma forma. *Uruz* é um santuário no seio do qual se cumpre o milagre da vida. Contém toda a sabedoria intuitiva e a disponibilidade da Mãe no plano cósmico. Nela se encontram o estado latente, a generosidade, o amor, a força e a vitalidade.

Interpretação divinatória

Evoca a vida do ser em gestação, em preparação ante um novo nascimento. Podemos nos beneficiar de uma proteção ativa, ou de um conselho sensato. *Uruz* pode representar todas as formas de ajuda que vêm a nós. Ela pode também evocar as circunstâncias positivas que limpam nossa vida e conduzem à recuperação da saúde e do equilíbrio.

O conselho do druida

"Use o tempo necessário para assimilar sua experiência ou para se preparar para uma nova ação. A prudência será sua melhor arma, sem negligenciar a meditação nem a reflexão. Uma ajuda providencial protegerá você. No cerne do seu ser estão os melhores recursos dos quais possa vir a precisar. Medite profundamente e encontrará estas riquezas e aprenderá a explorá-las."

Analogias

Cor: o azul da noite estrelada.
Árvores: bétula consagrada à Deusa Mãe, sabugueiro que trata e cura.
Pedras: pedra da lua, mas, sobretudo, a lazulita (cor do céu estrelado), ou as calcitas coletadas nas grutas.
Animais: os bovinos em geral, a vaca (símbolo da Mãe).
Divindades: Thor/Urd.
Polaridade: masculina.
Elemento: Terra.
Influência astrológica: Touro.

Runas relacionadas

Com *Ul* = poder de cura acrescido.
Com *Raidho* = força e atitude para realizar as transformações necessárias, proteção durante as viagens.

Com *Ziu*[2] = poder e sucesso no ato mágico.

Uruz invertida com *Ehwaz* ou *Logr* = ajuda a evitar as circunstâncias nefastas.

Com *Fehu* = poder de cura.

Com *Ansuz* = acentua as atitudes mágicas.

---

[2] Certas runas, como Ziu, não são runas completas, mas runas relacionadas, cuja eficácia lhes permitiu "fazer um nome". Elas não são, portanto, abordadas neste capítulo, é possível saber mais a respeito delas nas obras citadas de Nigel Pennick.

Thurisaz

Nomes mais conhecidos:
GMQ: *Thurisaz*, homem forte, gigante;
GO: *Thiuth*, homem bom;
IA: *Thora*, espinho;
NA: *Thursi*, gigante.

Valor fonético: *th* abafado como no inglês *thorn*; entre o D e o T, ou ainda como o *th* anglo-saxão.

Usos mágicos
1. Acalmar (ativamente).
2. Destruir os inimigos, amaldiçoar.
3. Despertar o desejo de agir.
4. Preparar para criar em todas as áreas.
5. Praticar a magia sexual.
6. Conhecer a divisão e a união de todas as coisas.

Definição esotérica do nome: Àsa-Thôrr, o inimigo das forças hostis.

Ideografia da runa: o espinho em um galho. O gigante, o forte. Vê-se nela também o martelo do deus Thor, que combate os gigantes.

Palavras-chave: força de destruição ou de defesa, ação, potência em movimento, orientação das polaridades, regeneração (após a destruição).

Simbolismo fundamental

Ela representa o encontro com o mundo terrestre e o ferimento que ele provoca no momento do nascimento. O gigante é aquele que nasceu, ele é um ser instintivo no qual a consciência espiritual não está ainda totalmente aberta. Ele vive e existe em um plano material e terrestre. Thor é o único deus capaz de pôr em perigo de modo eficaz os poderes hostis dos gigantes; graças a seu martelo, ele é protetor e defensor.

O espinho, no caso, é aquele que revela e estimula pela experiência. O fruto da união de *Fehu* e *Uruz* (as duas runas precedentes) é a vida, e essa vida é, por princípio, instintiva e inconsciente (como o gigante). Porém as múltiplas experiências de despertar trarão a consciência (a runa seguinte), e o gigante despertará e se tornará um homem. É um processo de dar à luz.

Interpretação divinatória

Thurisaz representa nosso potencial de ataque e defesa, assim como nossa capacidade de vencer e de combater. Ela pode simbolizar uma experiência de despertar por meio do confronto com qualquer coisa violenta e forte.

O conselho do druida

"Seu ser não pode evoluir senão por meio de suas próprias experiências de despertar, mesmo que elas lhe pareçam, frequentemente, difíceis ou insuportáveis. Não recue jamais diante do obstáculo, enfrente-o plenamente, mobilizando todo o seu potencial de combate."

Analogias

Cor: o vermelho vivo e luminoso do fogo da experiência.
Árvores: as árvores que possuem espinhos ou agulhas — espinheiro, abeto.
Pedras: hematita (rica em ferro), jaspe vermelho (símbolo do combate espiritual).
Animais: aqueles que são combativos e agressivos, mas também, e sobretudo, o escorpião.
Divindade: Thor.
Polaridade: masculina.
Elemento: Fogo.
Influência astrológica: Escorpião.

Runas relacionadas

Com *Eihwaz* = proteger-se dos poderes mágicos.
Com *Elhaz* = proteger-se dos aborrecimentos.
Thurisaz invertida com *Raidho* = controlar a vontade.

Ansuz

Nomes mais conhecidos:
GMQ: *Ansuz*, um deus, um deus ancestral;
GO: *Ansus*, um nome de deus rúnico;
IA: *Ôs*, um deus;
NA: Àss, um deus, um dos Ases.

Valor fonético: "a" latino.

Usos mágicos

1. Aumentar os poderes mágicos, ativos ou passivos, os dons de clarividência, etc.
2. Desenvolver a aparência convincente e magnética de um discurso, bem como o poder de sugestão e de hipnotismo.
3. Adquirir a sabedoria, a inspiração, o êxtase criativo, e comunicar-se com os deuses.
4. Banir a morte e o medo por meio do conhecimento dos deuses.

Definição esotérica do nome: ela designa um deus, uma divindade ancestral, e pode ser o próprio Odin. É preciso, no entanto, destacar que a letra tem duas ramificações, que representam provavelmente os dons que Odin atribuiu ao primeiro homem e à primeira mulher.

Ideografia da runa: o manto de Odin tremulando ao vento.

Palavras-chave: recepção, transformação, expressão, continente/conteúdo, conhecimento mágico, inspiração, êxtase, canto, mistérios da morte.

Simbolismo fundamental

Ansuz é o sopro, a consciência que se junta à runa *Thurisaz* para fazer do ser instintivo (o gigante) um ser humano. O sopro (a vida) é o primeiro dos dons dados à humanidade no momento de sua criação. O segundo é a consciência. *Ansuz*, presente dos deuses, é, portanto, o princípio do conhecimento. Com o sopro vem a consciência. Esta runa representa também a inspiração e o poder da palavra, assim como pode ser experimentado pelo poeta. Runa da palavra, do verbo, da música e do encantamento. A poesia é um canto sagrado, e a inspiração é uma forma de êxtase por meio da qual se manifesta o contato com o mundo divino. *Ansuz* é a liberdade de voo para os mundos da consciência, que são também os mundos dos deuses.

Com *Ansuz*, o ser experimenta uma abertura de seu espírito e de sua consciência. Aprende a focar na comunicação justa e torna-se assim um elemento transmissor do mundo de idealidade. Desenvolve sua mente em uma direção ilimitada.

Interpretação divinatória

A inteligência, o conhecimento, as aptidões mentais. A comunicação.
A inspiração e a sabedoria. As situações de aprendizagem, durante as quais nossa consciência se expande.

O conselho do druida

"É hora de abrir sua mente! Expanda sua consciência e novos horizontes surgirão. Volte às fontes de sua consciência, estudando os ensinamentos da vida, instigadora da inspiração e da poesia."

Analogias

Cor: o azul do mistério, ou, ainda, aquele do céu.
Árvores: freixo (inspiração poética, profecia), tília (imaginação, receptividade).
Pedras: lápis-lazúli, safira, ágata, água-marinha, pedras do céu e da água.
Animais: todos os mensageiros do céu e, sobretudo, os corvos, as gralhas, os gansos.
Divindades: Odin/Eostre.
Polaridade: masculina.
Elemento: Ar.
Influências astrológicas: Casa III e Mercúrio.

Runas relacionadas

Com *Perthro* = leva à descoberta das coisas secretas.

Com *Mannaz* = traz a sabedoria e o conhecimento.

Com *Logr* = sucesso nos estudos.

Com *Uruz* = acentua as atitudes mágicas.

Com *Wunjo* = dá inspiração para escrever.

Raidho

Nomes mais conhecidos:
GMQ: *Raidho*, carro;
GO: *Raidha*, carro, passeio a cavalo;
IA: *Ràdh*, uma cavalgada, um passeio;
NA: *Reidh*, cavalgar, carruagem.

Valor fonético: "r"

Usos mágicos
1. Fortalecer os potenciais e a experiência ritual.
2. Acessar o "conselho interior".
3. Orientar-se, conscientemente, na direção dos processos justos e naturais.
4. Fusão com os ritmos individuais e cósmicos.
5. Obter justiça de acordo com a lei.

Definição esotérica do nome: o carro solar e a charrete de Thor. Sua roda lhe permite se movimentar. A cavalgada. Encontramos aqui a ideia de progressão e de avanço.

Ideografia da runa: uma roda sob o trole, no sentido horizontal, como metade da roda solar (ver a runa *Sowilo*).

Palavras-chave: ação justa e ordem, lei cósmica cíclica, religião – magia, ritual, ritmo, viagem.

Simbolismo fundamental

A consequência da abertura da consciência por *Ansuz* é a progressão, o impulso para a frente, que busca *Raidho*. Para que esse impulso aconteça como foi ensinado ou descoberto na runa anterior, é preciso que um plano de progressão seja estabelecido para que a ordem revelada seja respeitada. A lei e a verdade que foram reveladas em *Ansuz* são aqui estabelecidas e codificadas nesta runa. Por isso ela é a runa da ordem, dos valores e da ética. Ela está relacionada aos códigos de honra e à lei. E esta última imagem evoca naturalmente a do guerreiro, ou melhor, do cavaleiro. A imagem do cavaleiro resume muito bem o simbolismo profundo de *Raidho*, pois aí vemos a ideia de avanço e de progressão, aliados ao idealismo e à adesão a um código de honra. Por extensão, o ritual, o ritmo e a dança lhe estão também associados.

O homem experimenta aqui a necessidade de pôr em movimento o que o inspira, aquilo que o guia. Ele deseja expressar e comunicar seu interior e manifestar-se por intermédio das regras da existência que ele estabeleceu, que são baseadas em seus valores. Tentando expandir seu espírito, ele constrói seus valores.

Interpretação divinatória

A cavalgada invoca a ideia de uma marcha, de uma viagem, de um sentido a percorrer. Esta runa pode também evocar as situações de justiça ou arbitragem, em que se recorre às leis e aos códigos.

O conselho do druida

"O valor das experiências que adquire está em transformá-las em regras de vida e aplicá-las a sua vivência cotidiana. A verdadeira disciplina é o respeito por seus valores interiores profundos. Encontre seu ritmo pessoal e seus próprios valores. Armado de sua própria ética, poderá retomar sua busca e caminhar em direção a novas experiências."

Analogias

Cores: azul-celeste, o vermelho luminoso da ação.
Árvore: carvalho, imagem da ordem do mundo.
Pedras: topázio, rubi, sodalita.
Animal: falcão.
Divindades: Ing/Nerthus.
Polaridade: masculina.
Elemento: Ar.
Influências astrológicas: Casa IX e Júpiter.

Runas relacionadas

Com *Kenaz* = desenvolver seu poder criativo.

Com *Tiwaz* = obter ganho de causa em um processo (se sua causa for justa).

Com *Uruz* = proteção durante as viagens, força e atitude para realizar mudanças necessárias.

Com *Hagalaz* = para devolver o mau-olhado a quem o enviou.

Com *Sowilo* = acelerador de acontecimentos.

Com *Ehwaz* = boas condições para viajar.

Kenaz

Nomes mais conhecidos:
GMQ: *Kenaz*, archote;
GO: *Kustna*, espessura;
IA: *Cén*, archote;
NA: *Kaun*, ferimento, abscesso.

Valor fonético: "k"

Usos mágicos
1. Fortalecer as atitudes em todas as áreas.
2. Desenvolver a inspiração criativa.
3. Desenvolver maior concentração para qualquer operação.
4. Operar regenerações, curas.
5. Desenvolver o amor (especialmente por meio da sexualidade).

Definição esotérica do nome: os nomes góticos e em nórdico antigo são secundários. Fogo interno, inflamação, etc. A chama do archote, ou o archote em si. Vemos a imagem de um fogo domesticado e controlado, em oposição a *Fehu*, que representa um fogo selvagem e fulgurante.

Ideografia da runa: chama do archote.

Palavras-chave: energia controlada, atitude, transformação, regeneração, vontade de empreender, desejo sexual, criatividade.

Simbolismo fundamental

O controle e a disciplina induzidos por *Raidho* levam ao desenvolvimento da criatividade em *Kenaz*. Entramos com ela em um terreno de realizações bem práticas. É o fogo da fornalha, da forja, da lareira, o fogo domesticado. O fogo dominado é o poder criativo canalizado. Por isso esta é a runa do artista e do artesão, ou, ainda, do mago. É a tecnicidade permitindo controlar a força, para direcioná-la para uma realização bem definida. Ela permanece no mais profundo de cada criador. O fogo dominado permitirá também dar outra aparência às coisas. É um processo de transformação e de alquimia controlada, no qual a purificação pelas chamas é uma etapa importante.

O homem desenvolve suas atitudes e múltiplos talentos, torna-se hábil e técnico. Ele aprende a manejar e a controlar a energia, evoluindo assim no domínio do mundo material. Pode ser o artista na febre criativa ou o estudante aprendendo a concentrar e dirigir sua energia.

Interpretação divinatória

Pode dizer respeito a grandes atitudes para manipular as energias em diferentes planos: material (artista/artesão), astral (feiticeiro, sedutor), mental (técnico, engenheiro), espiritual (mago, professor), social (político). Um passo de purificação e de transmutação sob controle. As criações, as realizações, o desenvolvimento dos talentos. O mundo do trabalho.

O conselho do druida

"Você deve, no momento, desenvolver suas atitudes por meio de realizações concretas e de acordo com o que aprendeu, para continuar sua evolução pela experimentação. Embora o controle seja necessário, o excesso prejudica e o controle exagerado levará ao bloqueio da energia. A criação é um processo alquímico. Para realizá-la, é preciso ser capaz de unir os contrários e os extremos, de forma sábia e prudente."

Analogias

Cor: o vermelho-alaranjado da chama do archote.
Árvores: pinho ou aveleira, cara aos adivinhos ou feiticeiros.
Pedras: cornalina, opala de fogo.
Animal: dragão – energia telúrica primordial que é preciso aprender a domesticar.
Divindades: Heimdal/Freya/Frey.
Polaridade: feminina.
Elemento: Fogo.
Influência astrológica: Leão.

Runas relacionadas

Com *Sol* = conduz à iluminação.

Com *Othala* invertida = bloqueia as ações de alguém (ou vence um vício).

Com *Raidho* = desenvolve sua criatividade.

Com *Wunjo* = ajuda em todo tipo de trabalho criativo.

Com *Hagalaz* = aumenta a fertilidade.

Gebo

X

Nomes mais conhecidos:
GMQ: *Gebo*, dom, hospitalidade;
GO: *Giba*, dom;
IA: *Gyfu*, dom, generosidade;
NA: *Gipt*, dom, casamento;
(ausente do novo *Futhark*).

Valor fonético: "g" duro, de gato ou gueto.

Usos mágicos
1. Desenvolver a magia sexual.
2. Desenvolver uma iniciação mágico-sexual.
3. Provocar uma união mística.
4. Aumentar os poderes mágicos.
5. Gerar a harmonia entre irmãos, irmãs e amantes.
6. Desenvolver influências mágicas entre os humanos e o divino.
7. Adquirir sabedoria.

Definição esotérica do nome: o que é trocado entre os homens e os deuses. A cruz indica a interação de duas forças, o encontro de duas energias. *Gebo* pode designar a hospitalidade, o dom.

Interpretação ideográfica: o cruzamento de duas vigas pode sustentar uma estrutura; a interação de duas forças.

Palavras-chave: força mágica, doador – dando/dado – dedicado a; êxtase; sacrifício; magia sexual.

Simbolismo fundamental

Gebo é um poder de harmonia e de união, representa o que é trocado. É a runa do dom e da partilha. Simbolicamente, representa os presentes que os deuses ofereceram à humanidade, mas significa também a generosidade de que o homem pode ser capaz. Vindo depois de *Kenaz* na sequência do alfabeto, *Gebo* ensina que se aprende a dar generosamente quando nos tornamos criador, e inversamente, que a criatividade implica dom. Depois de *Gebo*, há *Wunjo*, que mostra que a consequência do dom é a coerência e a harmonia no seio da família humana. De modo mais amplo, *Gebo* vem a ser a runa do amor.

A criatividade do ser vem a ser uma riqueza que se deseja repartir. As emoções e os sentimentos circulam e são trocados livremente.

Interpretação divinatória

Ela poderá representar as situações em que encontramos o amor, a troca e a partilha. A natureza da tiragem mostrará em qual domínio mais particular este encontro é possível. Ela evoca também a ideia de criar uma relação, de estabelecer uma comunicação, de desenvolver um diálogo centrado na reciprocidade.

O conselho do druida

"Você pode, agora, repartir o fruto de sua criatividade. Dê um sentido a tudo o que produz. Sua abertura para o outro, num gesto de doação total, lhe permitirá experimentar a harmonia da coesão e da fraternidade."

Analogias

Cores: o encontro do azul do céu e do verde do mar, o nascimento da cor turquesa.
Árvores: tília (preferida do povo), macieira (árvore do amor).
Pedras: rodocrosita, jade, malaquita.
Animais: abelha (generosa pelo mel que ela nos dá), golfinho (criatura amorosa e boa), baleia (fusão).
Divindade: Gefn.
Polaridades: masculina/feminina.
Elemento: Ar.
Influência astrológica: Sagitário.

Runas relacionadas

Com *Wunjo* = traz alegria.
Com *Yr* = busca a felicidade no casamento.

Wunjo

Nomes mais conhecidos:
GMQ: *Wunjo*, alegria;
GO: *Winja*, pastoreio;
IA: *Wynn*, prazer, deleite;
NA: *Vend*, alegria, esperança
(ausente do novo *Futhark*).

Valor fonético: "w", como em Washington.

Usos mágicos
1. Reforçar os laços e vínculos.
2. Invocar a fraternidade e a harmonia.
3. Acabar com as disputas.
4. Trazer a alegria e o bem-estar.
5. Concretizar os laços e a multiplicidade de relações entre todas as coisas.
6. Reunir runas para um fim específico.

Definição esotérica do nome: parentesco dos seres descendentes de uma mesma fonte. A alegria, o prazer, a bonança.

Ideografia da runa: a bandeira do clã ou da tribo, ou um cata-vento.

Palavras-chave: harmonia, bem-estar, fraternidade, união.

Simbolismo fundamental

Depois da atitude de doação de *Gebo*, a harmonia é experimentada dentro do grupo. Houve partilha e troca; em seguida, a coesão. A bandeira é o símbolo em torno do qual se reúnem os homens que partilham um mesmo ideal, um mesmo clã, uma mesma família ou que têm uma origem em comum. A ideia de harmonia dentro do grupo humano promove alegria, prazer, felicidade. É o momento em que o indivíduo é integrado ao grupo e reconhecido como uma célula de um corpo maior — ele manterá sua especificidade, mas escolherá se exteriorizar na vida social e amigável como um retorno às origens de sua família humana.

A necessidade do encontro e de ir em direção aos outros se torna intensa. O desejo de participar da vida social é imperativo, e é visto como o meio de escoar a riqueza da personalidade, mas também como o meio de encontrar uma família, uma origem, uma fonte. O ser se torna social e nesta abertura ao outro ele experimenta alegria e prazer.

Interpretação divinatória

Sentimento de alegria, de felicidade, de alegria de viver. Refere-se a uma coletividade, uma família, uma fraternidade. Ser uno, estar ligado. Se integrar, aceder a um posto ou uma identidade social, encontrar seu lugar na sociedade.

O conselho do druida

"É necessário que (re)conheça sua 'família', se quiser participar com ela de uma evolução comum. Deverá, talvez, assumir a responsabilidade, para se adaptar e integrar a esta família de alma, para encontrar seu lugar e viver em harmonia. Você já experimentou a solidão, aprenda agora a viver em sociedade."

Analogias

Cores: amarelo, azul, verde.
Árvores: carvalho tutelar (que reúne seu pequeno mundo a seu redor), castanheira (símbolo do pai de família).
Pedras: aventurina, lápis-lazúli.
Animais: todos os que vivem em comunidade (lobos, formigas, etc.).
Divindades: Odin/Frigg.
Polaridade: masculina.
Elemento: Terra.
Influências astrológicas: Casa V e o Sol.

Runas relacionadas

Com *Kenaz* ou *Ziu* = ajuda em todo tipo de trabalho criativo.
Com *Ansuz* = dá inspiração para escrever.
Com *Gebo* = traz alegria.

O oito de Hagall

O segundo grupo de runas pertencentes ao *Futhark* original tem o nome da primeira runa que o compõe, em nórdico antigo: *Hagall*. Este grupo é composto de oito runas.

Hagalaz

Nomes mais conhecidos:
GMQ: *Hagalaz*, granizo, ovo;
GO: *Hagl*, granizo;
IA: *Hoegl*, granizo;
NA: *Hagall*, granizo.

Valor fonético: "h", como em "habitar".

Usos mágicos
1. Permitir a realização e o equilíbrio de poder.
2. Desenvolver o conhecimento e a experiência mística.
3. Permitir as operações de evolução e de transformação.
4. Proteger.

Definição esotérica do nome: ovo de gelo ou semente da vida e de arquétipo cósmicos primordiais.

Ideografia da runa: duas vigas unidas por uma viga lateral evocando a ideia de estrutura, ou de enquadramento, segundo a técnica arquitetônica do *colombage*,* (: H :) ou o arquétipo original do floco de neve ou de um granizo evocando a ideia de unidade e de núcleo.

Palavras-chave: modelo e estrutura do cosmos; realização; união (ovo cósmico); evolução (no interior de uma estrutura); proteção.

---

* Armação de madeira para um tabique. (N.T.)

Simbolismo fundamental

O granizo é o símbolo de um núcleo, de uma unidade. Tem sua estrutura interna coerente, perceptível através de suas cristalizações particulares. *Hagalaz* é o símbolo do núcleo profundo do ser, seu centro, sua unidade interna. A estrutura interna e a unidade que o homem experimenta no mais profundo do seu ser são a imagem do mundo e do universo. Depois da exteriorização social de *Wunjo*, o ser volta a ele mesmo e descobre sua estrutura interna profunda. Esta não se realiza sem uma certa crise ou algum dano. O homem descobre nele uma estrutura que ele não é sempre capaz de compreender ou de realizar, pois o granizo (símbolo desta runa) pode também ferir. Esse encontro pode, portanto, ser doloroso — é um momento particular de crise, pois a pessoa vai precisar reorientar sua vida em função de seu ser profundo.

Interpretação divinatória

As crises de reestruturação que movimentam nossa vida e durante as quais o essencial aparece. Descobrir uma estrutura essencial ou construí-la de modo a que sirva de base. O que é essencial e estrutural e que vai eclodir e se desenvolver.

O conselho do druida

"É preciso aprender a entrar no mais profundo do seu ser para vivenciar a descoberta de uma estrutura essencial sobre a qual construirá sua vida. Reconhecendo a existência desse núcleo interno, dará um significado à experiência. Definindo sua estrutura essencial, vai precisar, algumas vezes, ir contra a corrente da sociedade ou sua família."

Analogias

Cores: azul-claro e branco.
Árvore: o carvalho é o centro, a árvore-rainha, lembrando que o universo está centrado.
Pedras: cristal de rocha, celestina.
Animal: castor, o melhor "carpinteiro" do reino animal.
Divindades: Urd/Heimdal.
Polaridade: feminina.

Elemento: gelo.
Influências astrológicas: Casa XI e Saturno.

Runas relacionadas

Com *Raidho* = para devolver o mau-olhado para quem o enviou.

Com *Kenaz* = aumentar a fertilidade.

Com *Perthro* = ganhar dinheiro por outros meios que não o trabalho.

Com *Othala* invertida = enfraquecer ou interromper um processo.

Naudhiz

Nomes mais conhecidos:
GMQ: *Naudhiz*, necessidade, dever do destino;
GO: *Nauths*, carência, necessidade;
IA: *Nyd*, necessidade, dificuldade;
NA: *Naudh*(r), dificuldade, necessidade, limitação.

Valor fonético: "n", de necessidade.

Usos mágicos
1. Dominar a aflição ou o *Orlog* negativo.
2. Desenvolver a vontade mágica.
3. Desenvolver os poderes "espirituais".
4. Manter a força de "resistência" controlada, para fins mágicos.
5. Estimular a inspiração espontânea.
6. Eliminar ódio e conflito.
7. Engendrar uma necessidade de ordem.
8. Reconhecer a carência pessoal.
9. Proteger.
10. Praticar a magia sexual — para conseguir um amante.
11. Praticar a adivinhação.

Definição esotérica do nome: o fogo vital, libertação da miséria. O fogo do sacrifício. A necessidade, a pressão.

Ideografia da runa: a estaca e o arco, que o faz voltar para iluminar o fogo vital. Um eixo vertical (autoimagem e imagem da unidade) transpassado por um eixo inclinado.

Palavras-chave: resistência, dificuldade; libertação (fogo vital); progressão para um acontecimento.

Simbolismo fundamental

Com as ideias de necessidade e de sacrifício, *Naudhiz* é uma runa um pouco dura, tudo dependerá do nível de consciência com o qual ela é experimentada. Depois do reconhecimento da estrutura essencial em *Hagalaz*, é necessário assumir essa estrutura e incorporar o que ela representa, é necessário aderir plenamente à verdade que reconhecemos nela. Porém isso exige certo sacrifício de hábitos ou mecanismos, com os quais podemos construir nossa vida. O fogo do sacrifício, as crises, os testes ou as reorientações que limpam nossa vida. Tudo isso faz parte de um processo de purificação. A angústia nasce da "não aceitação" do desafio, ou da incapacidade de lhe atribuir um sentido. Assumir a contradição entre a vida terrestre e o mundo de interioridade ou da verdade é um desafio. A angústia resultante faz parte dele – o mundo emocional está em crise. Corajosamente, o homem assume seu destino e o segue, se liberta.

Interpretação divinatória

As dificuldades encontradas sobre o caminho e os mecanismos de resistência que experimentamos dentro de nós. Conforme o nível de consciência, nós os consideramos como fatalidade, manifestação do destino ou oportunidade de evolução. As situações em que sentimos estar submetidos, sermos vítimas e sem capacidade de decisão.

O conselho do druida

"As dificuldades que você encontra lhe dão a oportunidade de desenvolver seu potencial e testar as capacidades que já conquistou. Vai precisar, às vezes, simplificar suas condições de vida, para adaptá-las ao que é essencial. Aceite a purificação sem passividade, assuma o desafio e deixe correr."

Analogias

Cores: preto, vermelho.
Árvores: faia rija e resistente, abeto.
Pedras: ônix, obsidiana.
Animais: o cachorro e os que dão a impressão de serem vítimas.
Divindade: Skuld.
Polaridade: feminina.
Elemento: Fogo.
Influências astrológicas: Casa XI e Júpiter.

Isa

Nomes mais conhecidos:
GMQ: *Isa*, gelo;
GO: *Eis*, gelo;
IA: *Is*, gelo;
NA: *Iss*, gelo.

Valor fonético: "i" de ilha.

Usos mágicos
1. Desenvolver a concentração e a vontade.
2. Aniquilar, deter as forças dinâmicas indesejáveis.
3. Integrar o ego em um sistema equilibrado.
4. Poder controlar e coagir os outros seres.
5. Meditar e se regenerar.

Sentido esotérico do nome: matéria/antimatéria originais. O gelo, princípio da concentração.

Ideografia da runa: um simples traço vertical, imagem de união e de simplicidade, o pedaço de gelo ou a onda gelada das origens que vêm de Niflheimr.

Palavras-chave: mundo glacial; antimatéria; concentração; ego.

Simbolismo fundamental

Depois dos desafios de *Naudhiz*, *Isa* representa a personalidade formada em torno do que ela tem de único e de essencial. O gelo evoca a cristalização, a materialização ou o adensamento. Depois das turbulências emocionais de *Naudhiz*, *Isa* é um retorno à Terra. É preciso se concentrar novamente sobre si mesmo ou sobre o "eu" conforme o nível de experiência, para encontrar sua unidade. Uma unidade autônoma se constitui, o eu não depende mais do grupo, ele é só e independente. Da mesma forma que o ego, *Isa* representa também a vontade pessoal, bem como o princípio de diferenciação e de separação.

Os ritos enfrentados o fortaleceram. O ego se construiu e experimentou seus limites. Agora ele é uma unidade atuando de maneira única e independente, de modo a formar um indivíduo. Neste estágio, o ser precisa experimentar os extremos e se individualizar, poderá até se separar e se desligar do resto do mundo.

Interpretação divinatória

Voltar à unidade pessoal, ocupar-se de si mesmo e do "eu". Juntos, como uma unidade. Se distinguir, se particularizar, se definir, encontrar sua especificidade. Egoísmo, solidão.

O conselho do druida

"Após as dispersões, vem o momento em que é preciso integrar a experiência. Seu 'eu' se constitui. Você precisa agora valorizar o que há de único em você e se distinguir dos outros. Juntar os diferentes aspectos de sua personalidade e as diferentes zonas de seu psiquismo em um todo coerente e aprender, assim, a concentrar suas energias."

Analogias

Cores: preto, branco.
Árvore: abeto, muitas vezes associado à neve.
Pedra: turmalina (em forma de haste).
Animais: foca, urso-branco (associados às geleiras).
Divindade: Verdandi.
Polaridade: feminina.
Elemento: Gelo.
Influência astrológica: Capricórnio.

Jera

Nomes mais conhecidos:
GMQ: *Jera*, (bom) ano, colheita;
GO: Jér, ano;
IA: Gér, ano;
NA: Ôr, ano, (boa) estação.

Valor fonético: "i" (o "j" pronunciado como "i"). A partir de 600 d.C., a runa passou a representar o "a".

Usos mágicos
1. Desenvolver a fecundidade, a criatividade.
2. Gerar paz e harmonia.
3. Iluminar.
4. Concretizar a natureza cíclica da polivalência.
5. Concretizar o mistério da "circunferência onipresente".
6. Proporcionar a materialização de outros conceitos.

Definição esotérica do nome: o ciclo da vida, o ciclo do sol. O ano e a estação evocando os ciclos do tempo. Mais particularmente, a boa estação, o verão, a colheita, evocando a recompensa.

Ideografia da runa: a união sagrada do céu e da terra, ou o ciclo verão/inverno. Dois ângulos em rotação em torno de um centro. O diálogo de dois elementos.

Palavras-chave: desenvolvimento cíclico; ciclo solar anual; recompensa; fruto — resultado; águia.

Simbolismo fundamental

O tempo que passa pelos ciclos e que apresenta ao homem a sucessão das estações, a volta periódica das mesmas experiências. *Isa*, o ego constituído, volta nos ciclos de experiência, experimenta os ciclos e o tempo que passa, trazendo seus prazeres e sofrimentos. A boa estação evoca a ideia de recompensa que chega depois do esforço, mas trata-se de um tempo transitório submisso à rotação dos ciclos. Tudo está em movimento e em transformação e, finalmente, tudo volta sempre ao ponto de partida. A repetição dos ciclos é reconfortante, pois o ego tem necessidade de estabilidade, mas ela pode ser uma fonte de obsessão, de aprisionamento, pois ele tem sede de liberdade. Através das estações, o céu e a terra se unem e se separam para produzir os frutos terrestres. A harmonia se cria para se dissolver mais tarde, na alternância do ciclo.

O "eu" é confrontado com os ciclos da vida. A consciência contempla os mecanismos de evolução — nascimento, juventude, velhice e morte. O ego experimenta diversas mudanças e várias adaptações, mas, fundamentalmente, ele permanece o mesmo.

Interpretação divinatória

Mudanças, inversões. As coisas se movimentam. Alternância, ambivalência, movimento. Se semearmos, é possível colher e receber a recompensa. Sucesso se assumirmos o desafio — invertendo e mudando, caso esteja numa posição estável. A roda do destino gira.

O conselho do druida

"Você precisa saber se adaptar à mudança e assumi-la. O movimento é uma das características da vida. Você precisa se dar conta de que tudo o que criou obedeceu à lei dos ciclos e que para cada coisa há um apogeu e um declínio. O que você ganha lhe será retirado. Algo novo lhe será dado. Você deve viver com o entusiasmo da criança que descobre maravilhada cada coisa. Se aceitar as mudanças, poderá criar harmonia na alternância e no movimento."

Analogias

Cores: o azul do céu de verão, o amarelo das colheitas.
Árvores: as árvores frutíferas.
Pedras: citrino, pedra do sol.
Animais: andorinha, cegonha (associada às estações).
Divindades: Frey/Freya.
Polaridades: masculina/feminina.

Elemento: Terra.
Influências astrológicas: Casa VI e Mercúrio.

Runas relacionadas
Com *Perthro* = aumenta as chances de ganho.
Com *Sol* = ajuda na convalescença.

Eihwaz

Nomes mais conhecidos:
GMQ: *Eihwaz* ou *Iwaz*, o teixo;
GO: *Eihwas*, o teixo;
IA: *Eoh*, o teixo, ou *Eow*, sorveira-dos-passarinhos;
NA: *Ihwar*, o teixo (somente em inscrição rúnica).
Ela não aparece desta forma no novo *Futhark*, mas ele tem *Yr*: teixo; arco de madeira de teixo. Ver runa z.

Valor fonético: incerto — alguma coisa entre E e L, esta runa é essencialmente um sinal mágico, raramente usado para escrever.

Usos mágicos
1. Se iniciar na sabedoria da árvore do mundo.
2. Concretizar o mistério da vida e da morte e se libertar do medo da morte.
3. Desenvolver a resistência espiritual e a força de vontade.
4. Desenvolver criatividade e visão espiritual.
5. Se proteger das forças negativas.
6. Aumentar o poder pessoal.
7. Comunicar entre os níveis de realidade — os mundos em volta de *Yggdrasill*.
8. Lembrar-se de existências passadas.

Definição esotérica do nome: o teixo como árvore da vida e da morte — a árvore do mundo *Yggdrasill*. A árvore sagrada, provavelmente aquela que serviu para o sacrifício do deus Odin.

Ideografia da runa: a coluna vertical da árvore polivalente, um gancho duplo unindo o mundo superior e o mundo inferior.

Palavras-chave: eixo vertical do cosmos; iniciação; vida/morte; tenacidade; proteção.

Simbolismo fundamental

Na tradição rúnica, a árvore é o lugar sagrado onde ocorre a iniciação. No caso de Odin, refere-se a um teixo — árvore da morte, o que faz desta runa aquela da morte iniciática. É a marca das inversões, das desordens, dos questionamentos. Após a experiência dos ciclos e das repetições, *Eihwaz* marca uma ruptura, uma pausa no ritmo para permitir a passagem a outro nível de experiência. É o significado profundo da morte, passar a outro plano de realidade e de percepção.

Com *Jera*, o homem experimentou a repetição de ciclos, e com *Eihwaz*, ele vai tentar escapar de sua condição habitual para penetrar em outro círculo de existência; ele vai romper com seu ritmo habitual, inverter a posição estabelecida, questionar suas opiniões. Esta trilha vai levá-lo à "morte", mas essa morte não é senão a transformação que lhe permitirá renascer em outro mundo, ou ainda vai fazer com que desperte para outra realidade.

Interpretação divinatória

Questionamentos. Inversões de situação. Mortes, perdas, transformação. Limpeza. Entrar em um caminho iniciático por meio de um rito ou um questionamento. Regeneração.

O conselho do druida

"Para descobrir novos horizontes é preciso aceitar partir... Para renascer para uma nova vida é preciso aceitar 'morrer' para si mesmo. Talvez seja necessário simplificar suas condições de vida e questionar sua maneira de ver. Para uma purificação profunda de seu ambiente e também de sua personalidade, você poderá mudar de nível de consciência ou nascer para uma nova vida."

Analogias

Cores: o vermelho e o preto, mas o vermelho domina.
Árvore: o teixo, em cujos galhos se enforcou Odin.
Pedras: cristal de rocha, topázio, madeira fossilizada.
Animal: a serpente (a morte e o despertar da consciência).
Divindade: Ull.

Polaridade: masculina.
Elemento: todos.
Influências astrológicas: Casa VIII e Marte.

Runas relacionadas

Com *Thurisaz* = proteger-se dos poderes mágicos.
Com *Sowilo* = proteção.

Perthro

Nomes mais conhecidos:
GMQ: *Perthro*, usado para tirar a sorte;
GO: *Pairthra*, copo de dados;
IA: *Peordh*, peão do xadrez (?);
NA: não existe na versão nórdica, suas funções são absorvidas pelo S.

Valor fonético: "p" de passado.

Usos mágicos
1. Perceber Orlog.
2. Praticar a adivinhação.
3. Posicionar as forças rúnicas no movimento da lei das Nornas.
4. Transformar uma ideia ou um acontecimento em ato mágico.

Definição esotérica do nome: a adivinhação tem como indicativo de Orlog as "leis originais".

Ideografia da runa: um copo de dados — como processo de tirar a sorte.

Palavras-chave: tempo; causa e efeito; evolução/mudança.

Simbolismo fundamental

O destino como potência em ação no universo. Em termos rúnicos, ela representa o que há de mais específico e de mais particular em nós e que constitui nosso futuro, se tivermos a coragem de aceitá-lo. Representa também o que podemos oferecer de melhor para o mundo.

Se *Naudhiz* representa o controle que permite assumir plenamente seu destino, *Perthro* é o próprio destino, e seu mecanismo. Esse mecanismo é também a lei de causa e efeito. Todos os atos semeados terão consequências, e isso faz parte tanto do destino do homem quanto de assumir as consequências de seus atos. Após *Eihwaz*, runa da iniciação, o conhecimento do destino como mistério é revelado ao Homem.

Esta runa é também a da adivinhação e do discurso oracular. Ela representa um estado interior em que o destino é revelado, interiorizado, assumido. Na fase de *Perthro*, o homem se detém e se questiona. Em um estágio de reflexão profunda, ele pode descobrir que ele mesmo escolheu a situação que está vivendo. Descobrirá que ele é seu próprio destino, mas, como indica a runa anterior, será preciso que ele passe pelo questionamento e pela morte antes de atingir essa compreensão. Esse conhecimento gera a liberdade e, ao mesmo tempo, a responsabilidade.

Interpretação divinatória

Esta runa nos conduz a um conhecimento profundo de nós mesmos. Por meio desse conhecimento, descobrimos as raízes de nosso destino. Consultas, pedido de conselho, trabalho terapêutico. As runas que acompanham *Perthro* podem nos colocar imagens de nosso destino.

O conselho do druida

"Você precisa descer ao fundo de si e questionar seu ser interior. Um melhor autoconhecimento lhe revelará os mecanismos do destino. A partir daí, você deverá assumi-lo plenamente, com responsabilidade, liberdade e coragem."

Analogias

Cores: preto, azul-noite.
Árvores: faia e macieira (austeridade e conhecimento).
Pedras: ônix, ametista.
Animais: corvos (arautos do destino).
Divindade: Frigg.
Polaridade: feminina.
Elemento: Água.
Influência astrológica: Peixes.

Runas relacionadas

Com *Ansuz* = descobrir as coisas secretas.
Com *Hagalaz* = ganhar dinheiro por outros meios que não o trabalho.
Com *Jera* = aumenta as chances de ganho.
Com *Tiwaz* = estimular a atração sexual.

Elhaz

Nomes mais conhecidos:
GMQ: *Elhaz* ou *Algiz*, elã, proteção;
GO: *Algis*, cisne;
IA: *Eolh*, elã;
NA: *Ihwar* (apenas nas inscrições rúnicas), teixo, arco de teixo.

Valor fonético: um "z" gramatical final, que se torna um "r" duplo, como em barro.

Usos mágicos
1. Proteger, defender.
2. Comunicar-se mística e religiosamente com as entidades sensíveis.
3. Comunicar-se com os outros mundos, especialmente *Àsgardhr* e as três fontes cósmicas de *Urdhr*, de *Mimir* e de *Hvergelmir*.
4. Fortalecer a *hamingja* (poder mágico e "sorte") e a força vital.

Definição esotérica do nome: força protetora, *valkyiur* (Valquírias).

Ideografia da runa: os chifres dos alces, os ramos (e as raízes) da árvore, um cisne em voo, ou uma mão desgarrada. A runa parece servir de antena, de sensor. Uma mão aberta num gesto de proteção.

Palavras-chave: proteção — invólucro; vida; traçado de ramos e raízes; ligação entre os homens e os deuses.

Simbolismo fundamental

Vindo depois de *Perthro*, *Elhaz* vai nos mostrar qual é o verdadeiro destino do homem. *Elhaz* é o mundo da alma, e a comunicação com o divino. Ela tem a forma de um homem que estende os braços para o Céu, em um gesto de invocação. *Elhaz* está ligada às Valquírias, estes espíritos protetores, filhas de Odin, acolhendo as almas dos guerreiros mortos em combate para conduzi-las ao Walhalla, sua morada até o final dos tempos. *Elhaz* simboliza, portanto, um estágio de abertura e de contato com outra dimensão. Esta abertura resulta da experiência de iniciação vivida no âmbito de *Eihwaz*, revelada no estágio de *Perthro* e experimentada em *Elhaz*. Essa experiência pode ser perigosa ou fatal para quem não estiver preparado, pois esta runa evoca também um perigo em certas tradições rúnicas. A mão aberta representa tanto a proteção quanto o fato de dissimular e de fazer mistério. Não nos esqueçamos de que este foi, durante muito tempo, o símbolo dos companheiros maçons. *Elhaz* designa, portanto, nossa alma, nosso poder interior, nosso entusiasmo, nossas aspirações de mundos ideais.

Assim, em *Elhaz*, o homem concentra todos os esforços para fundir o que há de mais elevado nele. Busca ultrapassar os limites e as contingências, aspira a novos horizontes ou penetra em um universo ou um ambiente de um plano mais elevado e ainda desconhecido para ele.

Interpretação divinatória

Um suporte, uma ajuda, uma proteção sobrenatural. Um guia, um acompanhante, um amigo, o espírito protetor, a família espiritual. Nossas necessidades de elevação, em todos os planos. As circunstâncias positivas de evolução.

O conselho do druida

"O verdadeiro destino do homem é sua abertura para os mundos superiores. Assim, é importante que você reconsidere o que há de mais elevado em você e que dedique tempo para sua manifestação. Isso pode assumir a forma de um desafio. Para acessar as aspirações superiores, você deve aceitar esse desafio e se superar."

Analogias

Cores: o azul do céu, o dourado do sol.
Árvore: o carvalho protetor, morada dos espíritos protegendo o grupo.
Pedras: água-marinha, crisocola.
Animais: alce, cisne, ganso (mensageiros do Outro Mundo e protetores).
Divindade: Heimdal.

Polaridades: masculina/feminina.
Elemento: Ar.
Influências astrológicas: Casa VII e Vênus.

Runas relacionadas

Com *Thurisaz* = protege contra os incômodos.

Com *Sowilo* = evita que os problemas pessoais assumam o controle sobre nossa vida.

Com *Wolfsangel* = cria uma barreira de proteção.

Sowilo

Nomes mais conhecidos:
GMQ: *Sowilo*, sol;
GO: *Saugil*, sol;
IA: *Sigil*, sol;
NA: *Sol*, sol.

Valor fonético: "s" de sol.

Usos mágicos
1. Fortalecer os centros psíquicos, os *hvel*.
2. Aumentar a vontade espiritual.
3. Guiar no caminho para a "iluminação".
4. Garantir a vitória e o sucesso por meio da vontade do indivíduo.

Definição esotérica do nome: a roda solar sagrada.

Ideografia da runa: uma parte da roda solar dinâmica que se transforma em um raio.

Palavras-chave: roda solar; vontade mágica; guia; o objetivo e o meio de alcançá-lo; sucesso; honra.

Simbolismo fundamental

Elhaz nos mostra que o verdadeiro destino do homem é a alma. *Sowilo* nos indica que essa alma pode se fundir com seus semelhantes em um verdadeiro espírito de osmose e de comunhão. Força e núcleo do sol, *Sowilo* é a fonte de toda vida e de toda luz. As almas emanam dela e convergem para ela. *Sowilo* é, portanto, a família espiritual das almas reunidas. Porém há outra coisa a ver nesta runa. Como símbolo do Sol, é também a fonte da iluminação e a claridade plena, a compreensão de todos os mistérios. Por analogia e extensão, esta runa é, portanto, também a dos instrutores e dos professores, distribuidores de luz. Neste estágio de nosso caminho, ela exprime uma vitória porque uma etapa decisiva foi cumprida, a da iluminação e da fusão com as almas irmãs. Essa fusão pode revelar à alma sua verdadeira vontade.

No estágio de *Sowilo*, o homem se liberta de suas amarras e compreende. A luz da compreensão surge nele, e ele realiza a unidade das coisas. Compreende as causas. Essa compreensão o faz aderir à totalidade. Ele se une conscientemente ao grupo espiritual ou à família espiritual a que pertence.

Interpretação divinatória

Uma vitória, um passo dado, um sucesso. Uma mudança de nível de compreensão, uma revelação, uma descoberta. Um protetor, um professor, um guia. Um despertar — dinamismo, rapidez. Manifestação da verdadeira vontade.

O conselho do druida

"Você precisa colocar sua vida em ordem, se purificar e dar um tempo, para que se manifeste em você uma compreensão ou uma iluminação. É preciso se libertar do que está atrapalhando sua elevação a outro nível de consciência e considerar todas as coisas pelo ponto de vista do ideal que você estabeleceu como objetivo a atingir."

Analogias

Cores: branco e o dourado do sol, sobre o fundo azul do céu.
Árvores: o carvalho forte e majestoso, o loureiro.
Pedras: topázio, citrino, âmbar.
Animais: águia (que se eleva para contemplar o sol), lebre (rapidez).
Divindade: Balder.
Polaridade: masculina.
Elemento: Ar.
Influências astrológicas: Casa X e Saturno.

Runas relacionadas

Com *Raidho* ou *Logr* = acelerador de eventos.
Com *Tiwaz* = amplifica sua energia.
Com *Eihwaz* = traz proteção.
Com *Dagaz* = restaurar o equilíbrio, pôr fim a uma depressão.
Com *Ul* = curar e recuperar rapidamente.
Com *Elhaz* = não deixa que os problemas pessoais tomem as rédeas de sua vida.

O oito de Tyr

O terceiro grupo de runas pertencentes ao *Futhark* original leva o nome do deus da guerra: *Tyr*. Este grupo é composto de oito runas.

Tiwaz

Nomes mais conhecidos:
GMQ: *Tiwaz*, o deus Tir;
GO: *Teiws*, o deus Tir;
IA: *Tir*, o deus Tir, glória;
NA: *Tyr*, o deus Tir.

Valor fonético: "t" de telha ou templo.

Usos mágicos
1. Obter justas vitórias ou sucesso.
2. Fortalecer sua vontade espiritual.
3. Desenvolver o poder do autossacrifício positivo.
4. Desenvolver a "força da fé" em magia e em religião.

Definição esotérica do nome: o deus celeste. Esta runa é frequentemente relacionada ao deus Tyr, deus da ordem e da justiça.

Ideografia da runa: a abóbada do céu sustentada pela coluna universal, e por vezes a ponta da lança. Um eixo central sustentando um telhado. O fiel da balança.

Palavras-chave: justiça; ordem do mundo; vitória (legítima); autossacrifício; disciplina espiritual.

Simbolismo fundamental

Na fase de *Sowilo*, veio a iluminação. Porém isso não é um fim, pois ela não é a última Runa. *Tiwaz* representa o céu. A consequência da iluminação é, portanto, a "ascensão ao céu". É preciso, no entanto, deixar de lado a conotação cristã da palavra "céu". O céu é o território dos deuses, é o mundo da consciência e da inteligência; não é o paraíso, é apenas outro plano do universo. O céu é o mundo divino. O princípio do pai está relacionado ao céu, enquanto o princípio da mãe está relacionado à terra. "Subindo ao céu", a humanidade se identifica com o deus pai, e isso implica responsabilidade e justiça. Essas duas últimas conotações – responsabilidade e justiça – são elementos de *Tiwaz*. Assim, depois de ter experimentado a iluminação, o iniciado descobre o deus pai nele, ele "sobe ao céu" e encontra sua origem celeste. Esta identificação o leva a assumir o poder divino, que é responsabilidade e justiça.

Neste estágio, o homem toma consciência de sua responsabilidade. Ele assume a função de pai, se torna dirigente, protetor, responsável por uma família ou uma organização. Ele se envolve socialmente de modo consciente.

Interpretação divinatória

Assumir uma responsabilidade familiar, profissional ou de outra natureza. Tornar-se chefe ou pai – se envolver socialmente. Autoridade de poder. Encontrar alguém que vai nos proteger. "Subir ao céu", isto é, mudar de plano e expandir os horizontes.

O conselho do druida

"Você precisa traduzir o que sabe e aquilo em que acredita em responsabilidades tangíveis, assumindo um engajamento social, familiar ou de outra natureza. Sua vontade deve exercer seu poder sem despotismo – você deve reinar sem sufocar, de forma consciente."

Analogias

Cor: azul-real.
Árvores: castanheira, carvalho (árvores-pais).
Pedras: lápis-lazúli, sodalita, safira.
Animal: urso real.
Divindade: Tyr.
Polaridade: masculina.
Elemento: Ar.
Influência astrológica: Áries.

Runas relacionadas

Com *Perthro* = estimular a atração sexual.

Com *Mannaz* invertida = levar vantagem sobre um adversário em combate.

Com *Raidho* = ganhar a causa em um processo (se sua causa for justa).

Com *Sowilo* = expandir sua energia.

Com *Logr* = fazer valer seus direitos (para as mulheres).

Berkano

Nomes mais conhecidos:
GMQ: *Berkano*, a deusa-bétula;
GO: *Bairkan*, galho de bétula;
IA: *Beorc*, bétula;
NA: *Bjarkan*, a deusa-bétula rúnica (do NA *björk*, bétula).

Valor fonético: "B" de bebê.

Usos mágicos
1. Renascer em espírito.
2. Fortalecer o poder do segredo.
3. Dissimular e proteger.
4. Manter e conectar todos os poderes.
5. Alcançar a unidade do instante como mãe de todas as coisas.
6. Amadurecer as ideias em um processo criativo.

Definição esotérica do nome: a imagem da bétula como Mãe Terra.

Ideografia da runa: seios da Mãe Terra. Dois triângulos — símbolo de criatividade nos dois níveis de existência, terrestre e celeste.

Palavras-chave: Mãe Terra; nascimento; ciclo nascimento/vida/morte; contentor; instante.

Simbolismo fundamental

Berkano é a deusa mãe. Entre os povos nórdicos, ela costuma ser representada pela bétula. Esta runa, vindo depois de *Tiwaz*, indica claramente que o iniciado ou a humanidade esclarecida não pode ficar no plano celeste, mas deve voltar ao plano terrestre. Pode-se ver aí uma alusão ao processo da reencarnação. O plano terrestre é o plano dos nascimentos e das mortes. Representando o arquétipo da mãe, *Berkano* indica ao mesmo tempo o processo do nascimento e o da morte. A mãe nos dá vida e nascimento, e ao morrer retornamos à Mãe Terra.

É a runa de todos os nascimentos. Integrar o processo do "retorno necessário" pode levar a uma verdadeira sabedoria. *Berkano* está lá para nos lembrar de que para nada serve o homem e a mulher se tornarem deuses se eles não voltarem ao plano terrestre.

Tendo assumido suas responsabilidades e suas escolhas, a humanidade pode se tornar criativa. É o momento particular em que ocorre o desejo de dar à luz alguém ou algo. Nutridos de maturidade, tentamos dar vida a nós mesmos.

Interpretação divinatória

Um nascimento, um começo — nascemos ou renascemos. Uma criação. A maternidade, a gestação, o nascimento, mas também a morte, que é um novo nascimento (isso vai depender da pergunta e das Runas que compõem o entorno). A palavra "morte" pode ter o sentido de mutação ou transformação.

O conselho do druida

"É sábio aceitar que as coisas se transformam: a morte justifica o nascimento, e vice-versa. Tudo é passagem, tudo é transição, mas você não deve, no entanto, recusar exercer seu poder criador, pois ele é um atributo de sua natureza divina."

Analogias

Cores: verde da natureza na primavera, marrom e preto da natureza no outono.
Árvore: bétula (árvore mãe).
Pedras: calcedônia, pedra da lua, ágata-musgo.
Animais: o javali e a porca, imagens da deusa terrestre.
Divindades: Nerthus/Holda.
Polaridade: feminina.
Elemento: Terra.
Influências astrológicas: Casa IV e Lua.

Runas relacionadas

Berkano e *Erda* = fertilidade e abundância.

Ehwaz

M

Nomes mais conhecidos:
GMQ: *Ehwaz*, cavalo, ou *Ehwo*, os dois cavalos;
GO: *Afhws*, garanhão;
IA: *Eh*, cavalo de batalha;
NA: *For*, cavalo (usado apenas em um contexto de culto, e ausente do novo *Futhark*).

Valor fonético: "e"

Usos mágicos
1. Facilitar a "viagem da alma" por intermédio dos mundos e projetar a alma em Midgard.
2. Realizar a união fundamental do sistema psicossomático.
3. Buscar confiança e lealdade.
4. Desenvolver a sabedoria profética.
5. Projetar seu poder mágico.
6. Tornar-se mais rápido em tudo.

Definição esotérica do nome: os deuses ou heróis gêmeos em forma de cavalo.

Ideografia da runa: dois barrotes se erguem para se unir, simbolizando os gêmeos divinos (o símbolo da idade do bronze representava essas divindades); igualmente, a imagem de dois cavalos se enfrentando. Dois eixos unidos em um ângulo aberto.

Palavras-chave: par harmonioso; veículo para viajar entre os mundos; fertilidade; confiança, lealdade; casamento de acordo com a lei divina.

Simbolismo fundamental

Como *Gebo*, *Ehwaz* é uma runa de dualidade. Entretanto ela não exprime a união, mas a alternância, o movimento, a oscilação. Depois de *Tiwaz* e *Berkano*, *Ehwaz* indica que a humanidade oscila entre os mundos terrestre e celeste, e que ela deve criar a harmonização entre esses dois reinos. Após retornar à terra, ela subirá ao céu para descer novamente, e assim será até o final dos tempos. Uma das características do cavalo é o movimento, e é precisamente isso que esta runa representa. O movimento do cavalo implica também a aventura, a descoberta, próprias desta runa. O cavalo é também um veículo, ou *Tiwaz* e *Berkano* juntos exprimem também o encontro do divino e do terrestre, ou seja, do corpo e do espírito. *Ehwaz* indica a dinâmica de oposição e de harmonia desses dois polos.

A dualidade que habita o humano o instiga sempre a explorar, a mover-se e a viajar. A energia do movimento o empurra e o anima. É na verdade fruto da vida que se realiza nele.

Interpretação divinatória

Viagem, partida, movimento, instabilidade. Dualidade, hesitação. Reencontro, confrontos.

O conselho do druida

"A sabedoria fará com que reconheça em você a dualidade que o move. Essa dualidade não deve confundi-lo, dividi-lo ou mesmo paralisá-lo. Use-a como fonte de movimento e de evolução, que o empurra sempre para que descubra novos horizontes. É uma prova de responsabilidade, de coragem e de maturidade assumir seu corpo e seu espírito."

Analogias

Cores: amarelo, verde, azul.
Árvore: freixo (árvore da viagem astral).
Pedras: ágata, opala.
Animais: cavalo, esquilo (por sua mobilidade).
Divindades: Frey/Freya.
Polaridades: masculina/feminina.
Elemento: Terra.
Influência astrológica: Aquário.

Runas relacionadas

Com *Raidho* = boas condições para viajar.
Com *Ingwaz* = ampliar a esperança de vida.
Com *Logr* = provocar uma ruptura.

Mannaz

Nomes mais conhecidos:
GMQ: *Mannaz*, o humano;
GO: *Manna*, o homem (em relação à mulher), o humano;
IA: *Mann*, o homem (em relação à mulher), o humano;
NA: *Madhr*, um homem (em relação a uma mulher), um ser humano.

Valor fonético: "m" de maduro.

Usos mágicos
1. Perceber a estrutura divina no homem.
2. Desenvolver os poderes da inteligência, da memória e do espírito em geral.
3. Equilibrar os "polos da personalidade".
4. Abrir o *hugauga*, o "olho do espírito" (o terceiro olho).

Definição esotérica do nome: o ancestral divino e o pai do céu. O homem, o humano.

Ideografia da runa: casamento entre o céu e a Terra. Dois eixos unidos por uma cruz – uma dualidade harmonizada.

Palavras-chave: estrutura divina; elo divino; inteligência; andrógino; iniciado.

Simbolismo fundamental

A consequência natural da oscilação em *Ehwaz* é a harmonia em *Mannaz*. Nesta runa, os polos terminam por se harmonizar plenamente para dar origem ao Humano no plano cósmico. *Mannaz* é o homem, mas não mais o homem no plano habitual e comum, é a humanidade inteira no plano dos arquétipos mais elevados. *Mannaz* é o protótipo humano no plano cósmico; esse protótipo se manifesta periodicamente em certas pessoas, mas é chamado a se manifestar na humanidade inteira. Nela, o divino e o terrestre estão unidos por toda a eternidade. *Mannaz* é a esperança de uma grande realização, e as qualidades mais positivas do humano estão relacionadas a ela.

Chega o momento em que se experimenta um instante de total harmonia; mesmo fugidio, este momento é uma incursão do absoluto no atual — é preciso preservá-lo. Neste estágio, tem-se a sensação de uma certa completude, de um desfecho após as batalhas, sentimo-nos mais completos, mais inteiros.

Interpretação divinatória

Harmonia, equilíbrio. Superação das hostilidades e dos obstáculos. Bons sentimentos — fraternidade, humanidade, solidariedade, colaboração. Os extremos deixam de nos afligir.

O conselho do druida

"Neste mundo de mudança, a sabedoria está em conservar em seu espírito a humanidade realizada em outro plano. Você pode perceber esse estado de realização de modo fugaz e captá-lo a cada vez que se manifestar em você o poder da harmonia e da conciliação de forma autêntica e sincera."

Analogias

Cor: turquesa (união do azul do céu e do verde da natureza terrestre).
Árvores: bordo (duplo e facetado, como o homem), azevinho.
Pedras: turquesa, ametista, crisocola.
Animais: raposa (em sua dupla natureza, sábia e ladra, semelhante ao homem). E — por que não? — o próprio homem.
Divindades: Heimdal/Odin/Frigg.
Polaridades: masculina/feminina.
Elemento: Ar.
Influências astrológicas: Casa I e Marte.

Runas relacionadas

Com *Ansuz* = receber conhecimento e sabedoria.
Com *Logr* = fortalece o intelecto.

Laguz

ᛚ

Nomes mais conhecidos:
GMQ: *Laguz*, um corpo líquido (ou *Laukàz*, alho-poró);
GO: *Lagus*, água;
IA: *Lagu*, mar, água;
NA: *Lögr*, mar, água (ou *Laukr*, alho-poró).

Valor fonético: "L" de lago.

Usos mágicos
1. Conduzir por meio dos difíceis ritos iniciáticos.
2. Desenvolver sua vitalidade e sua força vital.
3. Alimentá-la com a energia mágica inerte a fim de modelá-la e estruturá-la pela vontade.
4. Expandir o "magnetismo".
5. Desenvolver o "sexto sentido".

Definição esotérica do nome: a energia vital e o crescimento orgânico. Tudo o que cresce e se desenvolve.

Ideografia da runa: uma onda, ou as folhas verdes do alho-poró, que crescem rapidamente.

Palavras-chave: vida; água primordial; transição para a vida ou a partir dela; crescimento; energia vital.

Simbolismo fundamental

Laguz evoca tudo o que cresce e se desenvolve, é por isso que a imagem da cebola ou do alho-poró se desenvolvendo verticalmente lhe é associada. O mar e a água constituem os elementos básicos da vida e do desenvolvimento. Assim, a ideia de crescimento na sequência de *Mannaz*, a humanidade no plano cósmico, sublinha que a busca do equilíbrio e da perfeição jamais termina. Essa busca se renova e se desenvolve perpetuamente. Isso para mostrar, também, que a realização do homem ideal, como ponte entre o terrestre e o celeste, não passa de uma etapa. É, com certeza, uma etapa fundamental, mas não a última. Quando o homem tiver encontrado seu equilíbrio divino e primordial, lhe restará ainda construir um novo mundo e exercer sua criatividade de uma maneira mais esclarecida. *Laguz* sublinha assim, justamente, a continuidade do processo evolutivo. A onda, a maré, o mar, o oceano evocam também a ideia de deixar ir, de se deixar levar pela energia e seguir a direção que ela toma. De um modo indireto, na tradição celta, o lago é considerado a morada dos habitantes do outro mundo, que são capazes de desempenhar o papel de iniciador.

Nesse estágio, o homem percebe que deve crescer ainda e se desenvolver. Ele se entrega ao ritmo da vida que leva. Nesse abandono, encontra o crescimento, o desenvolvimento, a evolução, a passagem de um estágio para outro.

Interpretação divinatória

Fase de crescimento e de evolução. Uma passagem. Cura, crescimento da vitalidade. As coisas evoluem.

O conselho do druida

"Para desenvolver a criatividade, você precisa se entregar ao fluxo vital. Nele está contido o potencial de evolução. Se você aprende a se entregar ao ritmo da vida, ela o conduz para a mudança de sua existência."

Analogias

Cores: verde, branco, azul (a água, a natureza, o céu).
Árvores: macieira (iniciação), salgueiro, freixo (se desenvolvem na umidade).
Pedras: seixos, opala, coral.
Animais: golfinho, salmão.
Divindades: Niord/Nerthus.
Polaridade: feminina.
Elemento: Água.
Influência astrológica: Câncer.

Ingwaz

Nomes mais conhecidos:
GMQ: *Ingwaz*, o deus Ing;
GO: *Enguz* ou *Iggws*, o deus Ing, um homem;
IA: *Ing*, o deus ou o herói Ing;
NA: *Ing* ou *Yngvi*, o deus Ing (então o nome de Freyr).

Valor fonético: "ng" como em pingue-pongue.

Usos mágicos
1. Armazenar e transformar a energia para uso ritual.
2. Garantir o êxito dos ritos de fertilidade.
3. Permitir a meditação, a concentração de energia e de pensamento.
4. Liberar rapidamente a energia.

Definição esotérica do nome: o deus da terra. O deus Ing, relacionado a Freyr, deus masculino da fecundidade da natureza.

Ideografia da runa: O homem e seus órgãos genitais, o homem castrado. Um quadrado ou um losango — figura geométrica completamente fechada, evocando o ovo ou a semente.

Palavras-chave: energia latente; gestação.

Simbolismo fundamental

A consequência da progressão em *Laguz* será o potencial criador *Ingwaz*. Esta runa representa o deus da fecundidade, e teremos assim cumprido o elo com o ato criador. No entanto podemos imaginar, a partir da forma geométrica, que se refere a um potencial interiorizado, concentrado, repleto dele mesmo. Esta runa faz lembrar um pouco o símbolo do ovo. Ela contém muitos elementos para desenvolver uma vida completa e organizada, mas precisa ainda eclodir. *Ingwaz* contém nela toda a energia da vida, mas precisa ainda fluir, pois está em gestação. Essa gestação é próxima da manifestação, como veremos com as duas últimas runas. É, portanto, a runa da concentração do poder criador antes de sua plena manifestação. É também uma runa que fala de coerência, de organização funcional, de construção e de materialização. No plano alquímico, esta runa é o atanor que vai gerar a pedra filosofal.

As capacidades estão em gestação. O trabalho é preparatório. Os elementos estão presentes, prestes a se manifestar. Introspecção, atenção concentrada, preparando-se para a expansão. Gestar a si próprio, antes que venha a luz final.

Interpretação divinatória

Período de concentração, voltado a si mesmo, interiorização. Gestação, projeto em estudo. Materialização. Fertilidade, fecundidade. As coisas se organizam, uma certa coerência se instala, a construção está em curso.

O conselho do druida

"Para acreditar, e também se desenvolver, é preciso que você se volte para si mesmo e reúna, de modo coerente, todos os elementos criativos. Após um período de gestação, o ato criador acontecerá."

Analogias

Cores: amarelo, marrom, preto, verde (as cores da terra).
Árvores: o espinheiro e a carpa (associados à procriação).
Pedras: pedra da lua, coral.
Animal: bode (símbolo da geração, Freyr é o deus associado a esta runa).
Divindades: Ing/Frey.
Polaridades: masculina/feminina.
Elementos: Água/Terra.
Influência astrológica: Gêmeos.

Runas relacionadas

Com *Ehwaz* = longevidade.
Com *Dagaz* = longevidade e duração.

Dagaz

Nomes mais conhecidos:
GMQ: *Dagaz*, dia;
GO: *Dags*, dia;
IA: *Doeg*, dia;
NA: *Dagr*, dia (ausente do novo *Futhark*).

Valor fonético: "d" ou "th" como no inglês *the*.

Usos mágicos
1. Alcançar um instante místico pela penetração no segredo do paradoxo de Odin.
2. Receber uma inspiração mística – o dom de Odin.

Definição esotérica do nome: a luz do dia. O dia, a aurora.

Interpretação ideográfica: dois eixos ligados por uma cruz, duas polaridades plenamente harmonizadas. O equilíbrio entre duas polaridades, o dia e a noite.

Palavras-chave: luz; polaridade; fusão; "paradoxo odínico".

Simbolismo fundamental

O momento particular da aurora contém em si toda a magia desta runa. É um momento de profunda harmonia e também de despertar para a vida na qual se adivinha todo o potencial de expansão e de desenvolvimento. *Dagaz* é, portanto, uma saída lógica para *Ingwaz*, pois, se esta última representa a gestação, a outra representa o nascimento na luz. A harmonia e o equilíbrio são evocados pelos eixos unidos pela runa *Gebo*. Da mesma forma que *Mannaz*, *Dagaz* é uma runa de alquimia e de transmutação pelo equilíbrio de energias opostas e contrárias. Porém é ainda mais, pois, sendo ela a manifestação da luz, é portanto um novo nascimento. Representa um despertar depois de um longo sono, que não era mais do que uma preparação. Neste estágio, estamos próximos da conclusão, o humano realizou o processo evolutivo, transformou-se nele mesmo e exerceu seu poder criativo para permitir a evolução de seu ambiente. A runa seguinte lhe dará sua recompensa e coroará sua obra.

Depois da gestação vem a descoberta de uma nova paisagem. É um novo momento de passagem e de mudança. Certas realizações foram cumpridas, outras nos esperam. É a hora da tomada de consciência e de avaliações.

Interpretação divinatória

Esclarecimento, iluminação, compreensão. Equilíbrio, conscientização. Fechamento e abertura de um novo horizonte — passagem. Descoberta, depois de haver cumprido todo um processo de transformação.

O conselho do druida

"Tudo se completou. O passado está às suas costas e diante de você há um novo ciclo, ou um novo mundo a explorar. Se você fizer um balanço e avaliar o percurso, vendo tudo o que conquistou e realizou, estará se preparando para tirar proveito dos benefícios futuros."

Analogias

Cores: azul luminoso e branco.
Árvores: a bétula, os abetos relacionados à luz.
Pedras: olho de tigre, pedra do sol.
Animal: galo (anunciando o nascer do dia).
Divindade: Odin.
Polaridade: masculina.
Elemento: Terra.
Influência astrológica: Libra.

Runas relacionadas

Com *Fehu* = crescimento da riqueza.
Com *Othala* = crescimento do carisma.
Com *Sowilo* = restaura o equilíbrio, cura a depressão.

Othala

Nomes mais conhecidos:
GMQ: *Othala*, propriedade ancestral;
GO: *Othal*, propriedade;
IA: *Ethel*, pátria, propriedade;
NA: *Odhal*, natureza, qualidade inata, propriedade (ausente do novo *Futhark*).

Valor fonético: "o" de ovo.

Usos mágicos
1. Manter a ordem entre os seus.
2. Concentrar-se nos interesses comuns de sua casa e de sua família.
3. Passar do egocentrismo ao sistema de "clã".
4. Juntar o poder e o conhecimento imensuráveis herdados das gerações passadas.
5. Adquirir riqueza e prosperidade.

Definição esotérica do nome: propriedade imobiliária hereditária. A propriedade ancestral, a chave dos ancestrais.

Ideografia da runa: propriedade fechada interagindo dinamicamente com o ambiente.

Palavras-chave: recinto sagrado; poder inato; liberdade preservada; prosperidade.

Simbolismo fundamental

Por suas conotações analógicas, *Othala* define bem a finalidade do percurso rúnico: tornar-se herdeiro dos nossos ancestrais, acrescentando nosso traço particular. A propriedade ancestral evoca a ideia de um patrimônio espiritual a receber. Ao final do percurso das runas, o iniciado reintegra sua herança. Ele recebe a tradição e o poder de seus ancestrais, aqueles que o antecederam e completaram o caminho antes dele. Tudo está completo e realizado. Não há qualquer distinção entre sua própria individualidade e a linhagem dos que o precederam. Conta apenas o pequeno traço particular que é sua contribuição à obra. *Othala* é uma runa tanto aberta quanto fechada. Fechada pelo quadrado que a aproxima de *Ingwaz*, ela indica que o patrimônio herdado está preservado e que ele vive nos limites e no âmago de um mundo que bem pode ser um paraíso na Terra. Entretanto o ângulo aberto para baixo é uma abertura que indica uma comunicação com o que existe à volta. *Othala* evoca, portanto, uma entidade, uma célula que cumpriu sua função e seu destino e que trabalha junto ao mundo e ao universo.

O humano encontra sua família, suas raízes, depois de uma longa jornada. Ele "chega em casa". Recupera um sentido para sua vida, descobre a pérola que procurou durante tanto tempo. Ele integra todas as suas funções em um todo coerente. Para de se considerar um ser isolado e se funde com o que há de mais vasto.

Interpretação divinatória

Realização, completude. Descoberta de um sentido. Descoberta das raízes ou da verdadeira família. Fusão, comunhão. Fundir-se com o que há de mais vasto — integrar-se, aderir. Receber qualquer coisa que nos é devida.

O conselho do druida

"Encontre sua verdadeira família. Será loucura pensar que você é verdadeiramente dono daquilo que é seu. Aprenda a encontrar os elos que ligam você ao que há de mais vasto."

Analogias

Cores: ouro, vermelho, azul.
Árvores: espinheiro (serve para proteger um território), macieira (imortalidade espiritual).
Pedras: fósseis, ágata turritela, olho-de-boi.
Animais: lobos (por sua vida comunitária).
Divindade: Heimdal.

Polaridade: masculina.
Elementos: Fogo/Ar.
Influência astrológica: Virgem.

Runas relacionadas

Com *Dagaz* = aumentar o carisma.

Othala invertida com *Hagalaz* = enfraquecer ou interromper um processo.

Othala invertida com *Kenaz* = para travar as ações de alguém (ou vencer uma pendência).

As egrégoras

O que é uma egrégora?

Estudando as ciências ocultas, ouve-se às vezes falar em "egrégora". Mas o que seria exatamente? Na verdade, chamamos de "egrégora" o conjunto de energias acumuladas de muitas pessoas, com um objetivo ou uma crença definido por elas. É como um acumulador de uma energia que possui suas próprias características, motivado pela fé ou concentração de muitas pessoas de uma vez. Para pegar uma imagem simbólica que considero bastante significativa, imagine que todos nós, seres humanos, temos um copo d'água. Segundo nossa constituição, esse copo d'água pode estar mais ou menos cheio. E desse copo d'água dependeremos em caso de "grande sede" excepcional. Sozinhos, nosso poder é limitado. Porém imagine agora que você estivesse reunido com alguns amigos e que juntos decidissem compartilhar seus copos de água. De imediato, pegariam uma garrafa e cada um verteria o conteúdo de seu copo dentro. Assim, em caso de "grande sede excepcional", aquele que tivesse necessidade poderia servir-se dessa garrafa, bem mais cheia do que estaria seu copo de água individual. Passa-se de uma reserva pessoal para uma reserva coletiva, o que nos permite, ao final, o benefício de um "poder" maior do que o que nos teria dado nosso simples copo d'água. Percebe onde eu quero chegar? Bem, troque seu copo d'água por sua energia e compreenderá rapidamente a essência de uma egrégora e, sobretudo, a importância de saber criá-las e usá-las.

É fato que o homem passa sua vida a verter seu copo d'água em uma multidão de garrafas coletivas que, frequentemente, vão beneficiar essencialmente os "líderes de garrafas", que sabem utilizar essa água. Um excelente exemplo disso é a Igreja Católica. A fé (a água do copo) de milhões de pessoas nos dogmas da Igreja, canalizada pelos padres durante uma cerimônia, resulta em uma das mais possantes egrégoras conhecidas, que é bastante valorizada pelos magos ocidentais. Na verdade, o mago "manipula" as energias, mas forçosamente não as cria. Ele pode usar energias existentes, como as que são criadas pela Igreja, por exemplo.

Porém é preciso saber que a religião não é a única a criar egrégoras! Outro exemplo: na América, e agora na Europa, florescem nos hospitais os "grupos de oração", que rezam pela cura dos doentes que lhes suplicam. Já foi observado que os pacientes que são vítimas de doenças graves, pelos quais os grupos fazem orações, melhoram bem mais rapidamente e obtêm mais chances de cura que os doentes que não se beneficiam desses grupos! Por quê? Simplesmente porque o "grupo de oração", por sua devoção, vai canalizar uma energia que podemos chamar de "energia de cura" (na verdade, cada um verte sua água em uma garrafa e a doa àquele por quem oram) e que vai se unir à energia do doente visado, deixando-o assim mais forte para lutar contra a doença! Eis aí um excelente exemplo de egrégora!

No trabalho, é a mesma coisa: você trabalha em uma empresa que lhe demanda a formação de um grupo para desenvolver um projeto. Se, em seu grupo, todos atuarem "numa mesma frequência", o projeto será realizado rapidamente e você receberá os parabéns da chefia. Porque partilharam a água de sua garrafa uns com os outros. No entanto, se no grupo houver uma ou mais "ovelhas negras", a energia desenvolvida por seu grupo será praticamente nula ou bastante negativa, vão faltar ideias, seu trabalho não avançará e a moral da "tropa" será baixa! Você vai experimentar um desgaste com sua chefia. O que terá acontecido? A energia desenvolvida por esse grupo, "doentia" em sua base, será inexistente ou insalubre. Em outras palavras, visto que certas pessoas não queriam repartir sua água, a garrafa não ficou suficientemente cheia para responder às necessidades do grupo. Pior, uma parte do grupo estava prestes a repartir com aqueles que não colocaram a água, e de repente esses últimos não hesitaram em usar a água em seu próprio benefício, e não em benefício do grupo. Isso resulta em perda de tempo e de... água. A melhor solução teria sido fazer o trabalho sozinho, o que tomaria mais tempo, mas seria menos complicado, considerando que não haveria nenhum entrave para sua realização, ao contrário do que teria acontecido em seu grupo negativo.

Porque, como em qualquer outra atividade, a egrégora tem um lado bem interessante (se beneficiar de uma reserva de energia bem maior que a que poderia ser produzida), positivo, e seu reverso, que permite a seu criador, se a egrégora for realizada conscientemente, tirar vantagem de uma energia maior que a que ele poderia produzir sozinho. E, se as suas intenções forem más, lhe dará um "poder" que pode ser perigoso.

Este é o princípio da magia, qualquer que seja ela! Se as suas ideias são más, você fará o mal, e se elas são boas, você fará o bem, independentemente da energia utilizada. E toda a arte do mago consiste em conhecer bem as energias, para bem usá-las.

A egrégora tem, portanto, um lugar central no seio da magia, ela permite que nos conectemos com as reservas de energia, "das garrafas", e que usemos essas energias com um objetivo preciso...

A criação de um deus!

Em sua obra *Le grand livre de la Wicca et de la sorcellerie bénéfique* (Ed. Dynapost) [O Grande Livro da Wicca e da Bruxaria Benéfica], Jacques Rubinstein relata a experiência que teve a possibilidade de desenvolver durante uma emissão da France Inter,* apresentada por Marie-Christine Thomas e Jacques Pradel: "[...] naquela noite, um DEUS foi criado, feminino, de nome Verônica. Esse deus foi criado para viver 24 horas. Não havia como interromper a experiência, pois decidimos juntos, os jornalistas e eu, fazer Verônica agir; nós lhe demos a missão de acabar, em um minuto, com toda dor que aqueles que nos escutavam sofriam em qualquer parte de seu corpo físico. Indicamos também ao público que ele poderia pedir diferentes coisas a Verônica; embora ela fosse viver apenas 24 horas, o efeito de sua ação poderia aparecer mesmo alguns dias ou algumas semanas depois. Enfim, pedimos que o público escrevesse. Esta experiência foi acompanhada por grupos de pessoas em Marselha, Bordeaux, etc. Alguns estudiosos, não nomeados aqui para evitar deboches impróprios, acompanharam

---

* Um site do grupo Radio France. (N. T.)

também a emissão. Chegaram centenas e centenas de cartas, e ainda chegam. O lado mais marcante da experiência foi, com certeza, o mais imediato, o do fim de toda dor! Em seguida, vieram os resultados absolutamente inesperados e em todos os campos...".

Uma experiência similar foi realizada pela associação GIRE,* em uma escala evidentemente menos importante. Tínhamos, nós também, decidido criar uma deusa, chamada Geha, que teria uma duração de vida de três meses. Ela deveria nos ajudar no caminho da espiritualidade. À época, nós nos reuníamos em uma livraria esotérica, nas noites de quinta-feira. Foi lá que instalamos o "santuário" de Geha. Um dos membros da associação, que era pintor em seu tempo livre, nos desenhou uma imagem da deusa, tal como a havíamos imaginado.

Depois de criada, ela apareceu regularmente a cada um de nós, durante meditações individuais, nas quais ela respondia a diversas questões ou apresentava soluções aos problemas que nos acorriam ao espírito.

Porém o mais surpreendente é que alguns médiuns e videntes, que não sabiam absolutamente nada do que a associação fazia, contaram na livraria que viam um espírito que protegia o estabelecimento. A descrição que fizeram correspondia traço a traço a Geha!

Depois disso, eu tive a oportunidade de criar muitas outras egrégoras, para todo tipo de coisa, e ensinei a técnica nos cursos de formação em magia que dou em La Rochelle.

A egrégora celta

Eu poderia escrever um livro inteiro sobre o porquê/como das egrégoras, mas isso seria supérfluo aqui. A partir do momento em que compreenderam a noção de egrégora, podemos ir direto ao que nos interessa, a egrégora celta.

Como já mencionei diversas vezes nos primeiros capítulos deste livro, criando (ou recriando, pois estou convencido de que os conhecimentos e as técnicas apresentados aqui já foram usados desta maneira ou de outra aproximada, há muitos séculos) a magia telúrica, eu me sinto totalmente inspirado pela alma celta e por sua tradição, vendo na magia telúrica o ressurgimento de conheci-

---

* Grupo Independente de Pesquisas Esotéricas (N.T.)

mentos ligados à magia druídica. Por isso, voltei minha atenção para sua egrégora, suas tradições e seus símbolos. Com certeza, as runas não são celtas, mas a origem comum dos celtas e dos povos do Norte é cada vez mais confirmada pelos historiadores modernos. Você verá no capítulo seguinte que eu mantive os oghams, apesar do pouco conhecimento que temos deles, com o objetivo de "conectar" nossos meios de conhecimento à egrégora celta. Trabalharemos também com o tríscele e usaremos incensos em consonância celta, novamente para nos aproximarmos sempre desta egrégora constituída há mais de 2 mil anos. Enfim, usaremos o panteão celta para nos conectarmos, de acordo com o objetivo que quisermos alcançar durante um ritual.

Como você percebeu, são os elementos, como os nomes de divindades, os incensos e perfumes, os símbolos, entre outras coisas, que permitem que nos conectemos com esta ou aquela egrégora. Portanto nada o impede de se conectar a outra egrégora usando apenas a magia telúrica. Cabe, entretanto, definir bem o que você procura e aonde você vai com o que faz.

Lembre-se sempre que, quanto menos o mago pertencer a uma egrégora, mais fácil será o uso de uma em particular. Assim, partindo do princípio de que você é um leitor brasileiro, isso significa que pertence, portanto, à egrégora "Brasil", à egrégora de sua região, de seu estado, de sua cidade, até mesmo de seu bairro. Se você participa de um movimento político, pertence também a essa egrégora. Como à egrégora de sua empresa, de seu setor de atividade e de sua função (tecnologia da informação, gestão, operariado, etc.). Se você participa de associações, pertence também a elas. O mesmo em relação a um clube esportivo etc. Como vê, a água contida em sua garrafa está repartida em uma multidão de garrafas, e não sobra muita coisa para você. Por isso, eu não lhe digo para ser totalmente sociável, mas, acima de tudo, considerar cada uma de suas escolhas, pois o princípio do mágico é de ser suficientemente livre para depender apenas o mínimo possível de uma egrégora, podendo usá-la pontualmente quando tiver necessidade.

Não faça uso de uma egrégora se pertence a uma egrégora inimiga. Não pratique a magia árabe se você pertence à religião judaica, e vice-versa. É impossível dar certo. Observe o uso que fazem das egrégoras as pessoas poderosas ao seu redor. Tome ciência de que somos rodeados de egrégoras, e que nossa fé em uma a fortalece, enquanto nossa ignorância de outra a enfraquece. Assistimos atualmente ao colapso da Igreja Católica, cujos fiéis desertam de maneira exponencial. Do mesmo modo, as antigas religiões, as antigas tradições ressurgem com força total, retomando um lugar que haviam perdido. Lembre-se de que, nos mitos celtas e nas histórias do rei Arthur, a Ilha de Avalon desaparece à medida que o povo abandona o culto a antigos deuses e deusas, pois a egrégora não pode sobreviver se não for alimentada pela fé. Tendo fé na tradição celta, a Ilha de Avalon ressurgirá. Pratique a magia telúrica ou qualquer outro sistema mágico coerente e, mergulhando suas raízes em uma antiga tradição, a magia retomará seu lugar no seio de nossa sociedade, os poderes não serão mais extraordinários, e o povo pequeno voltará a comunicar sua sabedoria aos humanos...

A alma celta circula ainda em nossas veias, façamo-la circular também em nossas palavras e em nossos atos...

O tríscele

Vimos, no capítulo sobre as egrégoras, que para nos conectarmos a um tipo de energia específica devemos usar os símbolos. Desse modo, enquanto praticamos a teurgia ou a alta magia cabalística, invocamos as entidades relacionadas com a tradição judaica e, por vezes, cristã. O mago usará, portanto, o Selo de Salomão como símbolo principal de proteção, que ele levará sempre pendurado ao pescoço. No entanto, em nosso sistema de magia telúrica, decidimos veicular a energia da tradição celta, uma energia bem mais telúrica (diferente das energias judeu-cristãs, que são muito cósmicas). Então, em nosso sistema mágico, vamos substituir o Selo de Salomão por um símbolo também bastante antigo, feito pelos antigos celtas e por seus druidas, o tríscele.

Suas origens

Antes de usar um símbolo, qualquer que seja ele, e ainda mais quando ele veicula um poder como o do tríscele, é preciso de antemão aprender mais sobre suas origens e seu simbolismo. O mago não faz uso de algo que não conheça bem.

A palavra tríscele pode ser grafada de diferentes maneiras: "triskelle", "triskel", "triscèle" ou ainda "tríquetro". Não se assuste, portanto, com sua grafia. Etimologicamente, ela vem do grego *trisquélès*, que significa "três pernas". É, por outro lado, frequentemente representada por três pernas humanas (o que é conhecido como tríscele do primeiro tipo) girando em torno de um eixo central, como na bandeira da ilha de Man. É nesta forma que o chamamos "tríquetro". Hoje, o encontramos, sobretudo, na forma de três espirais entrecruzadas (dito de segundo tipo), e foi reintroduzido em inúmeros universos variados, como a publicidade (ele enfeita até alguns pacotes de manteiga!), a música, o regionalismo, etc.

Embora o tríscele seja, como vimos, o símbolo celta por excelência, nós o encontramos em suas primeiras representações na época da Tène,* desde o século V a.C. Foi depois reencontrado na Sicília, como tríquetro. Além disso, os homens do megalítico o usavam como ornamento.

Simbolismo

Estranhamente, ninguém conseguiu chegar a algum acordo sobre o simbolismo fundamental. E não é porque faltem hipóteses. Segundo as interpretações, o tríscele representa a água, o fogo e o ar, estando a terra no centro (Bretanha), a trindade celta Lug — Dagda e Ogme, para os celtas insulares, ou Teutatès, Taranis, Ésus, para os celtas continentais (gauleses). Globalmente, pode-se ver aí a noção de trindade, seja qual for a crença pela qual seja abordado. Porém o tríscele pode também representar o passado/presente/futuro, as três idades do homem, jovem/maduro/velho, as três qualidades da deusa, filha/mãe/esposa. É possível identificá-lo também com os três "corpos" do ser humano, tão caros à tradição mágica, que são o corpo, a alma e o espírito.

Na Sicília, se diz que representa as três extremidades da ilha, o cabo Peloro a nordeste, o cabo Passero ao sul, o cabo Lilibeo a oeste.

Na verdade, o símbolo da figura "3" é tão carregado de significados que o tríscele poderia, simplesmente, representar toda a riqueza desta figura ao mesmo tempo!

E a este simbolismo da figura "3", o tríscele junta a noção de movimento, pois são três espirais que se deslocam, podendo levar a pensar em uma galáxia em rotação. Há quem dê importância à marcha do trísce-

Dextrogiro   Sinistrogiro

---

* A "cultura da Tène" é também conhecida como a Segunda Idade do Ferro. (N. T.)

le. Em um sentido dextrogiro, ele teria um significado positivo, seria um símbolo de paz e de harmonia, e no sentido sinistrogiro, o simbolismo seria invertido e teria o significado de guerra e destruição. No que me diz respeito, penso que o sentido pouco importa, sobretudo quando ele é levado como um pendente, pois, se um sentido irradia à sua frente, o outro sentido irradia atrás de você. Porém, se você precisar desenhá-lo no chão, não provoque o diabo, desenhe-o em dextrogiro.

Utilização

Na magia telúrica, vamos substituir o tradicional Selo de Salomão, usado ao redor do pescoço, pelo tríscele. Ele vai nos servir de bloqueador contra energias negativas, de acumulador de nossa própria energia, e, enfim, será a chave que nos ligará à egrégora celta. Usando-o, tenha sempre estas três qualidades no espírito. Sua matéria importa pouco, ele pode ser feito de prata, de outro metal, de pedra ou mesmo de cerâmica. O que eu uso é uma versão bastante original feita com três pregos de ferradura. Uma amiga bretã deu-me de presente há bastante tempo.

Segundo os rituais que realizaremos (ver a parte "rituais" do livro), será necessário às vezes desenhá-lo no solo com o bastão telúrico. Então, acostume-se desde já a regularmente desenhá-lo à mão, porque não é fácil, e, quando você usa o bastão telúrico, não dá para apagar...

Enfim, o tríscele é um excelente harmonizador energético. Se um lugar está muito "carregado" de energia negativa, procure com o pêndulo onde deve traçar um tríscele para afastar essas energias nocivas e restabelecer uma harmonia no local (atenção ao sentido de rotação do tríscele!). Do mesmo modo, como as "runas da pele" que veremos adiante, trace-o com uma caneta hidrográfica no côncavo de seu punho esquerdo se estiver lhe faltando energia. Ele agirá como uma pilha energizante. Porém lembre-se de apagá-lo antes de dormir...

O bastão telúrico

*"O bastão, entre as mãos de um mago,
pode ser mais que um simples apoio para a velhice."*
Frase de Hama, O Senhor dos Anéis – As Duas Torres,
J. R. R. Tolkien

I/ Teoria

O bastão telúrico é o pilar principal da magia telúrica. Ele é a chave e o símbolo. Sem ele, o uso da energia telúrica se torna mais parecido com a radiestesia do que com uma magia completa. Sua fabricação demanda uma aptidão manual necessária à prática das artes mágicas. Pode ser que, um dia, encontremos vendedores de bastões telúricos, mas, se esse dia chegar, eu não os recomendaria. O bastão telúrico deve estar em consonância com seu mestre, por isso deve nascer de suas mãos. Se você não se sente capaz de fabricar um, a magia telúrica não é feita para você. Porque, ao fabricá-lo, você se liga a cada elemento que o constitui, de madeira ou metal, de couro ou cristal. Porém, antes de iniciar a sua fabricação, vejamos como ele funciona.

O bastão telúrico atua como uma antena que vai canalizar a energia do solo e conduzi-la a um condensador que, em nosso caso, passará a ser um grande cristal de rocha.

Para quem não conhece as propriedades do cristal de rocha, é bom saber que ele é um condensador e um amplificador da energia ambiente. Além disso, ele pode ser programado com um objetivo particular. Na verdade, se estiver carregado de energia, ele será "programado" pela intenção do operador, depois enviado para cumprir o objetivo de sua programação. A vantagem do cristal de rocha em relação a outro quartzo é que ele é "neutro" e aceita, portanto, todas as programações. Uma ametista, por exemplo, tendo naturalmente um princípio passivo (pedra de descanso e sono), não poderia aceitar uma programação do tipo "ativo", como uma vitalização de alguma coisa.

Mas voltemos ao que interessa. Esse cristal, portanto, se carrega de energia, a qual será "programada" pela vontade do operador. Depois, como se a ponta do bastão fosse uma canetinha, o operador poderá usá-la para traçar as runas que orientarão sua vontade e serão carregadas de energia armazenada pelo cristal. A energia do local traçado será assim modificada. Além dessa função básica, o bastão telúrico tem ainda diversas aplicações. A ponta posicionada sobre um nó telúrico particular condensará a energia, que ele transferirá ao mago. Uma invocação pronunciada com a ajuda do bastão terá seus efeitos amplificados.

É possível também projetar uma energia telúrica diretamente por meio do cristal, por um efeito de tensão do braço que sustenta o bastão. Poder-se-á, de certa maneira, com o treinamento, agir diretamente sobre os elementos. O uso de palavras de poder será evidentemente bastante aconselhado neste caso. Porém teremos a oportunidade de ver tudo isso um pouco mais adiante.

O bastão telúrico, como talvez você já tenha percebido, retoma principalmente o modo de funcionamento das varinhas mágicas, "clássicas", dos antigos magos. É que ele é essencialmente orientado para a energia telúrica e atua bem mais como um catalisador, por causa de seu *design*. O bastão telúrico é, sem dúvida, o "bastão do mago" tradicional, que encontramos no arquétipo dele, dos antigos druidas aos magos do século XVII, de Merlin aos heróis de nossos contos modernos, como Gandalf. A imagem do bastão tem sido conservada em nossas memórias, porém seu funcionamento foi esquecido. Espero, neste capítulo, ter reparado uma parte desse esquecimento. Vamos, no presente, nos ater a sua concepção.

II/ Fabricação

Material

- Um pedaço longo de bambu.
- Uma barra de ferro de no máximo 1 centímetro de diâmetro e com 20 centímetros a mais de comprimento do que o pedaço de bambu.

- Uma bola de cristal de rocha com um lado cortado plano, ou um grande cristal de rocha bruto.
- Um pedaço de couro.
- Uma placa de metal de 5 centímetros de diâmetro (se tiver optado pela bola de cristal).
- Uma roseta cônica de cobre, utilizada em encanamento.
- Fios de arame.
- Cola "epoxy".
- Pasta "epoxy".

Vou tratar aqui de orientar você na construção de seu bastão telúrico. Infelizmente, quando construí o meu, há muitos anos, não tive a ideia de tirar muitas fotos para ilustrar meu propósito, fazendo com que lance mão aqui de alguns esquemas.

A primeira etapa de seu trabalho consistirá em encontrar o pedaço de madeira que será seu bastão. Teoricamente, podemos escolher entre todas as espécies de madeira constituídas de um núcleo mole, como o sabugueiro ou a aveleira, por exemplo. Digo teoricamente porque, na prática, considerando o tamanho do bastão de que precisamos, será extremamente difícil encontrar esse tipo de madeira em qualquer canto, sem um equipamento que um faz-tudo amador certamente não tem. Por isso eu finalmente escolhi um longo pedaço de bambu. Veremos em seguida como vamos perfurá-lo.

Eu achava que o tamanho do bastão devia estar relacionado ao operador ao qual ele se destina. No que diz respeito à varinha mágica, ela deve ter a medida do cúbito do mago. Eu pensava utilizar um múltiplo simbólico dessa varinha, como o número 7, mas meu cúbito media em torno de 30 centímetros, o que resultaria num bastão de... 2,10 metros! O que, do ponto de vista prático, era um pouco demais... Fiquei então com esta ressonância ferramenta-operador e decidi assim que meu bastão teria meu tamanho, ou seja, 1,82 metro, o que não é nada mal. Recebi recentemente o testemunho de um peregrino de Compostela indicando que o comprimento de seu bastão era igual ao número de ouro, ou seja, 1,618 metro.[3] Eu acho que este pode ser um bom compromisso, ou seja, um bastão dessa dimensão não será tão personalizado quanto outro, com o talhe de seu operador. Porém eu deixo que cada um fique livre para escolher de acordo com sua intuição.

Deve-se ter, portanto, o cuidado de cortar o bastão na medida definida, seja considerando o número de ouro, seja em função da própria altura. A etapa seguinte é bastante delicada: pega-se uma haste de metal de no máximo 1 centímetro de diâmetro, encontrada sem dificuldade em lojas de ferragem. Essa haste deverá ser, no mínimo, 20 centímetros mais comprida que o bastão. Com uma mó ou uma amoladeira, será preciso talhar de forma pontiaguda uma das extremidades da haste.

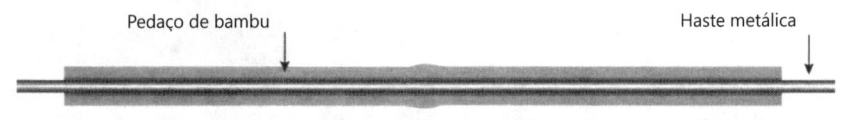

Pedaço de bambu   Haste metálica

Vista transversal de um pedaço de bambu enxertado com uma haste de ferro

Fixar em seguida firmemente seu bastão entre dois tornos em uma bancada. Aquecer a parte afiada de sua haste de metal com a ajuda de uma pequena chama e começar a forçar esta ponta em uma das extremidades do bambu, o mais próximo possível do centro de seu diâmetro. No início, o ferro aquecido fará derreter a parede que se encontra a cada nó de um pedaço de bambu. No entanto, quanto mais você avançar através da madeira, mais a haste irá esfriando, e mais difícil ficará a progressão. Não hesite, portanto, em bater na extremidade da haste com um martelo para fazê-la avançar. Certifique-se de que seu bastão de bambu seja perfeitamente reto; do contrário, quando a haste atingir dois terços dele, a madeira poderá começar a rachar, e a haste acabará saindo por um lado do bambu! Neste caso, tudo terá de ser refeito com outro pedaço de bambu! Previna-se, portanto,

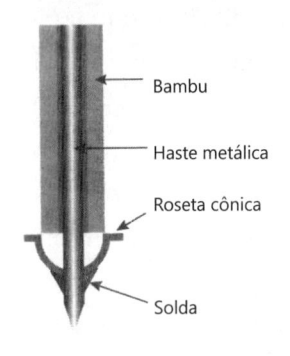

Bambu
Haste metálica
Roseta cônica
Solda

---

[3] A relação do número de ouro sendo de 1/1,618; o número de ouro é considerado 1,618.

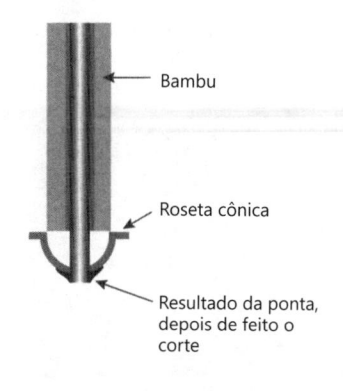

com um bom pedaço de madeira reto e procure manter a perfuração no centro, de uma ponta à outra...

Asseguro que, uma vez que a haste tenha atravessado o bambu, o mais difícil já foi feito! Beba alguma coisa, coma algo, retome as forças, o trabalho ainda não terminou! Pegue a roseta cônica e force-a sobre a ponta da haste metálica, a lateral curvada para fora. Depois, com a ajuda de um soldador, solde a roseta à haste. Tenha cuidado, pois a roseta tem a tendência de fundir segundo as hastes de soldadura usadas. Depois que a roseta for soldada, corte a haste na base da roseta com uma amoladeira ou um esmeril. O resultado deve ser quase equivalente ao esquema aqui mostrado.

Você vai virar então seu bastão para prender a extremidade oposta. Depois de colocar a placa de metal no centro, no mesmo diâmetro da haste metálica, você vai enfiá-la embaixo e soldá-la na base do bastão. Por fim, vai cortar a haste metálica com a ajuda de um esmeril ou uma amoladeira, na base da placa de metal, para poder fixar o fundo plano da bola de cristal sobre o bastão.

Você deve ter percebido que o peso de seu bastão claramente mudou. Com certeza, ele está bem mais pesado, e você deverá se habituar a esse novo peso.

Depois de fazer o corte, você vai poder fixar sua bola ou seu cristal bruto sobre a placa de metal. Para isso, vai utilizar uma cola epoxy tipo Araldite. Atenção, não vá lambuzar sua placa toda!

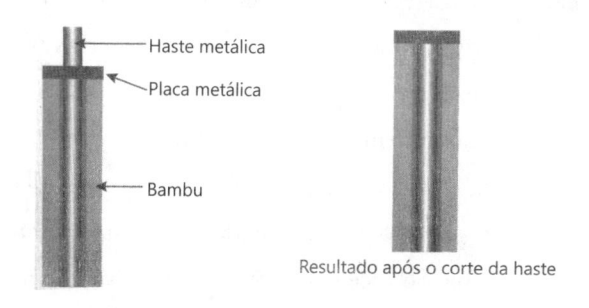

A ideia é que haja um contato direto entre o metal e o cristal, para que a energia possa fluir. Na verdade, se toda a superfície estiver coberta de cola, ela vai atuar como um isolante. De qualquer modo, a cola não será a única coisa a prender seu cristal. Ela vai apenas servir para que ele não caia enquanto possa fixá-lo com uma armação metálica.

Você vai agora se munir de um fio de arame e vai transformá-lo em fio "duplo" com a ajuda de uma furadeira. O procedimento é um pouco técnico, vou tentar explicar o melhor possível: basta simplesmente pegar um pedaço do fio de arame, dobrá-lo ao meio e então fixar a laçada assim obtida em torno de alguma coisa fixa. As duas pontas do arame serão enfiadas no lugar da broca de uma furadeira. Quando estiverem bem presas, ligue a furadeira (selecione uma baixa velocidade), e ela vai torcer o fio, resultando num fio mais grosso, duplo. Você pode repetir a operação dobrando o fio duplo e quadruplicá-lo, para obter um fio flexível, mas forte. Ao final, seu fio deverá ficar parecido com o da foto. Você deverá preparar ao menos dois longos pedaços de arame desse tipo, com no mínimo 30 centímetros (melhor sobrar do que faltar!). Depois de fazer isso, você vai fixá-los em torno da ponta do pedaço de bambu, para que fiquem quatro fios sobre seu cristal, a 90 graus uns dos outros. Mais uma vez, a foto vale por todo o discurso... Evidentemente, as fotos que eu lhe apresento são as da fabricação do meu bastão, sobre o qual fixei uma bola de cristal de rocha. Se você tiver optado pelo cristal de rocha bruto (o ideal é que ele tenha também uma superfície plana na base), terá de adaptar o procedimento. Uma vez fixada a armação, eis que chega a etapa da decoração.

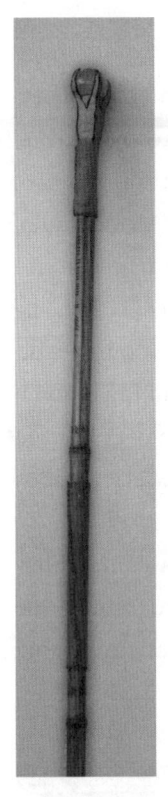

É hora de soltar sua inspiração. Para recobrir o metal e pressioná-lo contra o cristal, eu usei uma pasta bicolor epoxy, fácil de encontrar em lojas de material de artesanato ou supermercados. O objetivo é que, uma vez misturadas e amassadas as duas cores, se obtenha uma pasta que possa ser trabalhada como massa de modelar, antes que endureça e se torne tão sólida (ou quase) como uma pedra. Uma vez endurecida, essa pasta poderá ser pintada como você achar melhor. Mas cuide de talhar as formas antes que a pasta endureça. Dou como exemplo o meu bastão. Isso não significa que você deva fazer exatamente a mesma coisa, longe disso! Meu bastão foi criado segundo minha inspiração e meus fracos dotes artísticos. Não se intimide e ponha mãos à obra...

Seu bastão está quase pronto; mais algumas etapas, e você poderá passar à consagração. É necessário, agora, escolher o nome que você vai dar a ele. Saiba que o nome que damos às coisas é que lhes confere o poder. Sem nome, será um bastão como qualquer outro, certamente mais bonito, mas sem poder. Uma vez escolhido o nome, pouco importa de onde ele se origine, você tomará o cuidado de gravá-lo sobre seu bastão, em oghams. Poderá, como eu fiz, gravar ao mesmo tempo em oghams e em runas, a fim de conectá-lo às duas energias. Mais uma vez, eu poderia lhe sugerir uma disposição exata onde gravá-los, em qual sentido etc. Mas prefiro deixar para você escolher. Observe seu bastão pronto e escolha o local mais apropriado para aí gravar seu nome. Digo o mesmo em relação ao couro. Pessoalmente, fiz uma "alça" na altura certa para minha mão, com um pedaço de couro, e coloquei um pedaço na base e outro perto do cristal. No entanto faça de acordo com seu gosto. Estes exemplos são apenas sugestões.

Uma vez gravado o nome, envernize seu bastão (melhor até envernizar antes de colocar o couro) e pense em impermeabilizar os pedaços de couro. Seu bastão está terminado, agora é hora de consagrá-lo.

III/ Consagração

A consagração do bastão telúrico será relacionada à sua simbologia, realizando uma marcha ritual por um percurso iniciático. Eu sugiro o seguinte, embora apenas a título de exemplo: foi o que efetuei para meu próprio bastão. Este caminho está situado no centro da floresta de Brocéliande, na Bretanha. Não está registrado como tal em nenhum mapa, nem há qualquer marcação no local,[4] e, você vai entender, é conhecido apenas por alguns iniciados. Nós o chamamos de "o caminho das quatro portas" (sem dúvida, em virtude do nome do vale "das Quatro Portas", no centro do qual se faz esse percurso, embora o nome do vale não tenha nada a ver com as quatro portas de que vamos falar), porque ele vai nos fazer passar pelos quatro lugares carregados de energia e relacionados aos quatro elementos.*

Além de levar seu bastão, seria bom você se munir de um frasco de hidromel e de alguns pedaços de pão (integral ou, se você conseguir, pão ázimo), que poderá levar em seu alforje. Uma vela feita de cera de abelha, um castiçal e uma caixa de fósforos ou um isqueiro completarão seu material. Você deve levar, evidentemente, seu tríscele pendurado ao pescoço.

O "Vale sem retorno": o lago chamado "Espelho das fadas".

---
[4] Se esta não for uma indicação dos três primeiros lugares.

Trate de proteger com um tecido o cristal no topo do bastão para que ele não amplifique o sol e não produza fogo. Não se esqueça de que você estará em plena floresta, e, em tempo seco, um cristal de rocha age como uma lupa!

Você iniciará sua marcha pela manhã, em um local chamado "Vale sem retorno", mais precisamente perto de um lago chamado "Espelho das fadas". É, segundo a lenda, o lugar onde Morgana aprisionava seus cavaleiros infiéis. O nome "Espelho das fadas" vem de uma lenda que dizia que, em outros tempos, sete irmãs, que eram fadas, viviam próximo ao lago e gostavam de observar seus reflexos na água. Como você pode ver, esse lago é perfeitamente plano e nele se reflete o céu. É um lugar energeticamente bastante carregado e que corresponde, em nosso percurso, à porta da água. Com a face voltada para o Oeste, com o lago à sua frente, você vai bater três vezes no chão com seu bastão, dizendo:

"Damona, deusa das fontes, eu, X (seu nome de mago), vos invoco aqui, a ti e a tuas servas, para que abençoeis e reconheçais entre vós este bastão, que é minha força e meu poder, e cujo nome é 'Y' (nome do bastão). Para que ele seja o sinal da amizade que existe entre mim e vós, transmiti-lhe vossos caracteres para que ele saiba como vos chamar quando eu tiver necessidade de vós!"[5]

Depois, você tocará a água com a ponta de seu bastão (lado do metal). Em seguida, pegará o frasco de hidromel e derramará algumas gotas na água, dizendo:

"Receba em oferenda algumas gotas de hidromel para selar nossa amizade!"

Segundo sua sensibilidade, você talvez sinta uma corrente de energia, tenha uma visão ou, é possível, que não sinta nada! Isso não quer dizer que nada tenha acontecido! Você está no início de sua viagem — é hora, portanto, de se pôr a caminho...

---

[5] Sua voz deve ser clara e inteligível, e, sobretudo, você deve ser firme! Procure não estar rodeado de turistas, que poderiam desestabilizá-lo ou olhá-lo como se você fosse maluco. Escolha um lugar afastado e tenha confiança em você quando pronunciar a invocação.

"O hostiário de Viviane" ou "casa de Viviane"

Você terá, com certeza, tomado o cuidado de levar um mapa IGN[6] para não se perder na floresta. Seguirá, portanto, o caminho em direção ao "hostiário de Viviane" ou "casa de Viviane". Segundo a lenda relacionada à floresta, era nesse lugar que a fada Viviane ia se refugiar ou se fortalecer. O hostiário de Viviane é um sítio megalítico datado por volta de 4.500 anos antes de nossa era. É também conhecido como "túmulo dos Druidas". Um detalhe interessante: outro arranjo de pedras se situa próximo ao hostiário de Vivianne e é chamado de "as costas do dragão" (quando se vem pelo caminho para o hostiário). Sendo o dragão, nos locais citados, uma referência da energia telúrica, você compreenderá a que ponto esse lugar é também bastante carregado de energia! Em nosso percurso, você terá chegado até a porta do Ar.

Ao chegar perto do sítio, tendo o hostiário à sua frente e estando você voltado para o Leste, deverá bater três vezes no solo com seu bastão e dizer:

"Taranis, deus do ar e da luz, deus da vida e da morte, eu, X (seu nome de mago), vos invoco, a ti e a teus servos, para que abençoeis e reconheçais entre vós este bastão, que é minha força e meu poder, e cujo nome é 'Y' (nome do bastão). Para que ele seja o sinal da amizade que existe entre mim e vós,

---

[6] Para a região referida na série azul dos mapas IGN, é preciso pegar "Paimpont 1019 Est".

transmiti-lhe vossos caracteres para que ele saiba como vos chamar quando eu tiver necessidade de vós!"

Depois você vai soprar três vezes sobre seu bastão e levantará ao vento a ponta que você soprou. Em seguida, pegará o frasco de hidromel e novamente deixará cair algumas gotas, desta vez no centro do hostiário, dizendo:

"Receba em oferenda algumas gotas de hidromel para selar nossa amizade!"

Segue-se o mesmo no que diz respeito às sensações, elas podem ser diferentes, às vezes nulas, de uma pessoa para outra. Se você as teve, registre-as; se não, continue seu caminho depois de alguns minutos de meditação. Antes de partir, fique ainda um tempo no centro do hostiário para sentir todas as energias benéficas e renascer purificado.

Seus passos o levarão a um canto profundo na floresta. É o "Túmulo dos Gigantes". Antes havia ali um conjunto de menires chamado "Porta da vida", datando do neolítico. Na idade do bronze, esse magnífico sensor cosmotelúrico teria sido destruído para construir ali uma sepultura individual. Entre os séculos XI e XIX, esse lugar era também conhecido como "Túmulo da Velha", certamente referindo-se a uma guardiã provavelmente druida do local. Você chegará até lá pela porta da Terra. Com a face voltada para o Norte, e batendo três vezes com seu bastão no solo, você dirá:

"Cernunnos, senhor do mundo subterrâneo, eu, X (seu nome de mago), vos invoco aqui, a ti e a teus servos, para que abençoeis e reconheçais entre vós este bastão, que é minha força e meu poder, e cujo nome é 'Y' (nome do bastão). Para que ele seja o sinal da amizade que existe entre mim e vós, transmiti-lhe vossos caracteres para que ele saiba como vos chamar quando eu tiver necessidade de vós!"

A seguir, você vai afundar alguns centímetros da ponta de seu bastão no centro do Túmulo dos Gigantes. Depois, pegará o pedaço de pão e enterrará uns nacos perto do túmulo, dizendo:

O "Túmulo dos Gigantes".

"Receba em oferenda estes pequenos pedaços de pão para selar nossa amizade!"

Não vou me prolongar sobre as sensações, repetindo o que disse antes; após alguns minutos, você retomará seu caminho. Conforme sua constituição e sua resistência, não hesite em parar um pouco para descansar. É um passeio, não uma corrida! Se chegar exausto, não terá a mesma energia na hora das consagrações como se estivesse em forma. Pense nisso! Abasteça-se também com água e lanche, que podem ser necessários. Você fará um percurso de algumas horas, é preciso estar preparado...

O Bréhelo

Nossa última porta é um pouco mais delicada. Na verdade, alguns a veem no outeiro de Tiot, enquanto outros, entre os quais me incluo, consideram que ela se encontra no Bréhelo. De fato, enquanto o outeiro de Tiot nos afasta de nosso ponto de partida, o Bréhelo, ao contrário, nos aproxima... Além do mais, o Bréhelo é conhecido como um dos lugares iniciáticos mais altos na França, antigo ponto de reunião dos druidas. Não haveria melhor lugar para sentir o fogo da iniciação! Você vai se dirigir, portanto, para a quarta porta. Quando chegar, escolha o melhor lugar, com seu pêndulo ou sua percepção, e coloque-se de frente para o Sul. Se não houver muito vento, você poderá acender uma vela de cera de abelha à sua frente. Depois de haver batido três vezes no solo com seu bastão, você dirá:

"Belisama, deusa do fogo, eu, X (seu nome de mago), vos invoco aqui, a ti e a tuas servas, para que abençoeis e reconheçais entre vós este bastão, que é minha força e meu poder, e cujo nome é 'Y' (nome do bastão). Para que ele seja o sinal da amizade que existe entre mim e vós, transmiti-lhe vossos caracteres para que ele saiba como vos chamar quando eu tiver necessidade de vós!"

Passe a ponta do bastão na chama. Em seguida, pegue novamente o pão e passe um pedaço no fogo da vela. Enterre em seguida esse pedaço de pão onde você estiver, dizendo:

"Receba em oferenda estes pequenos pedaços de pão para selar nossa amizade!"

Em seguida, apague a vela sem a soprar e deixe-a de lado, você a usará um pouco mais adiante.

Seus passos deverão, a seguir, levá-lo ao Vale sem Retorno, onde você poderá se sentar no "lugar de Merlin" para rever calmamente seu percurso e ter a percepção plena do caminho iniciático que completou. O dia chega ao fim, mas seu trabalho não terminou ainda. Coma algo leve, ou não coma nada, pois quando a noite chegar será preciso finalizar sua consagração.

Já estou ansioso para ver você agora ao pé de uma árvore-mestra. Há muitas na floresta de Brocéliande: o carvalho dos Hindrés, a faia de Ponthus, a castanheira de Pas-aux-Biches, o carvalho de Guillotin, o carvalho de Rocheplatte, a faia do Voyageur, o carvalho de Anatole Le Braz das forjas de Paimpont ou, ainda, a faia de La Gelée. Minha preferida é a faia de Ponthus, porém você pode escolher outra, considerando a acessibilidade, mas também a discrição, para não ser incomodado.

Assim, quando a noite chegar, você se colocará ao pé da árvore escolhida. Terá o cuidado de vestir roupas brancas (como essas bastante em moda atualmente, feitas de linho ou algodão), usar seu tríscele e de se munir de seu bastão e seu alforje. Nele estarão guardados uma concha abalone, um pedaço de carvão, a resina de pinho, sálvia, a vela de cera de abelha, o frasco de hidromel e o restante do pão. Você amarrará em torno de sua cintura um cordão com nove nós. Depois de escolher, com a ajuda de seu pêndulo, o lugar onde deverá ficar, você traçará ao seu redor, com a ponta de seu bastão, um círculo e, então, uma cruz (ver esquemas nesta página), em que os braços serão orientados no sentido norte-sul e leste-oeste.

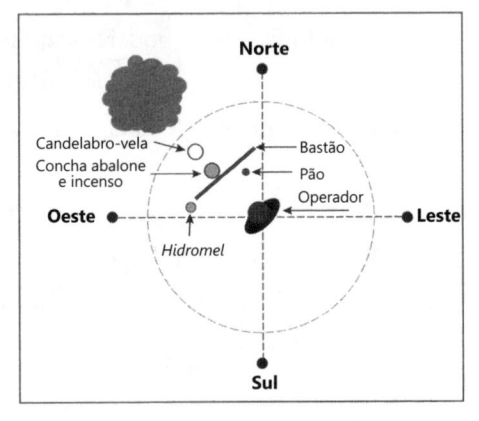

A cada ponto cardeal, você acenderá uma tocha ou uma vela. Será inútil fazer um círculo enorme, principalmente se você estiver só. Um círculo de 2 metros de diâmetro será suficiente. Voltado para a árvore-mestra, você disporá à sua frente a concha abalone com o carvão em brasa aceso, e a seu lado um copo com hidromel e os pedaços restantes de pão. Lembre-se de levar também um castiçal, onde você colocará a vela. Enfim, à sua frente será também colocado o bastão.

Depois que tudo estiver pronto e instalado, você poderá começar o ritual pela seguinte abertura:

"Que eu sinta a cada instante minhas raízes.

Que eu descubra a cada instante todos os elementos reunidos em mim.

Que eu penetre assim o Ser de meu Ser.

Que eu me concilie, assim, com o Ser do Céu.

Que eu volte, assim, a ser o que eu sou."[7]

Depois, você acenderá sua vela, dizendo:

"Diante de ti, árvore-mestra venerável, voz de Lugos, eu deposito esta oferenda de fogo para atrair sobre mim tua sabedoria ancestral."

Em seguida, você colocará um pouco de resina de pinho e de sálvia para queimar, dizendo:

"Diante de ti, árvore venerável, voz de Belisama, deposito esta oferenda de perfumes para atrair sobre mim tua generosidade."

Depois, você pegará seu bastão com as duas mãos e, estendendo-o na horizontal, dirá:

"Clamo a todos os deuses, àqueles que dormem nas florestas ou perto dos lagos, nos vulcões ou nas cavernas, eu, X (seu nome de mago), vos apresento, diante da árvore-mestra, meu companheiro 'Y' (nome do bastão), para que todas e todos o reconheçais como o que me liga a vós, e vos liga a mim. Que deuses e deusas me sirvam de testemunhas desta consagração!"

Em seguida, você repousará o bastão e levantará diante de si o hidromel, que derramará ao pé da árvore-mestra, sem sair do círculo, dizendo:

---

[7] Extraído do *Manuscrit des paroles du druide sans nom et sans visage* [Manuscrito das Palavras do Druida sem Nome e sem Rosto], de Yves Monin.

"Diante de ti, árvore-mestra venerável, olho de Taranis e Teutates, derramo este hidromel em tua honra, para que abençoes meu bastão, cujo nome é 'Y' (nome do bastão)."

Depois, depositando a oferenda de pão a seus pés, você dirá:

"Diante de ti, árvore-mestra venerável, a quem Arduina trouxe a vida, deposito esta oferenda de pão em tua honra, para que abençoes meu bastão, cujo nome é 'Y' (nome do bastão)."

Enfim, de pé e com o bastão na mão esquerda, você dirá:

"Agradeço a ti, árvore-mestra venerável, e a tua hamadríade, por teres me escutado e transmitido minha mensagem às mais altas esferas. Que os deuses e deusas te abençoem!"

Depois, como no início:

"Que eu sinta a cada instante minhas raízes.
Que eu descubra a cada momento todos os elementos reunidos em mim.
Que eu penetre, assim, o Ser de meu Ser.
Que eu me concilie, assim, com o Ser do Céu."

Bata seu bastão três vezes no chão. Seu ritual terminou. Agora falta apenas meditar alguns minutos para sentir os efeitos de sua jornada e de seu ritual. Você não verá mais seu bastão da mesma forma, porque ele estará agora pleno de um grande poder, protegido pelos deuses e pela alma de nossos ancestrais celtas...

IV/ Utilização

Falamos já um pouco, antes, e voltaremos ao assunto ainda em outros capítulos, sobre a utilização do bastão telúrico, que é, de fato, o objetivo desta obra.

Sem entrar ainda nos rituais, vamos ver aqui, sumariamente, toda a gama de suas possibilidades, e, acredite, elas são numerosas!

Saiba, primeiro, que sua função varia conforme a mão com que você o segure. Geralmente, a mão esquerda é uma mão de "chamamento", ou seja, pela qual a energia entra no corpo. A mão direita é uma mão de "emissão", por meio da qual a energia é enviada. Parece simples, e poderia ser, mas, considerando que não somos na verdade iguais, surgem complicações. Em princípio, o que eu disse vale para um homem destro, mas se inverte para uma mulher destra. Ela terá, como mão de chamamento, a direita, e como mão emissora, a esquerda. No entanto, não me leve a mal, uma mulher canhota terá a polaridade das mãos de um homem destro e, é claro, um homem canhoto terá a polaridade de uma mulher destra. Entendeu? Bom, para seguir com minhas explicações, vou focar sobre o básico "homem destro", e fica por conta de cada um fazer as trocas em função de suas polaridades.

Portanto a mão que você deve usar para segurar o bastão vai depender de suas polaridades. Em uma ação por meio da qual você deva receber energia, o bastão deverá estar na mão esquerda. Ao contrário, para gerar e projetar uma energia (durante um ritual destinado a realizar alguma ação precisa, por exemplo), o bastão estará na mão direita. Em um ritual de clarividência, por exemplo, em que você deve ampliar sua energia psíquica, o bastão estará na mão esquerda. Se você compreendeu bem o princípio, vamos adiante, ciente de que não precisarei voltar a dizer a cada vez em que mão deve ser seguro o bastão.

Não se esqueça de que seu bastão é composto de um elemento que, só ele, já constitui um objeto de "poder" completo: o cristal de rocha, ou melhor, a bola em cristal de rocha. Não hesite em utilizá-la segundo suas próprias propriedades, além do bastão telúrico. Portanto, se você jogar as runas para uma vidência, por exemplo, concentre-se no cristal, para que ele amplifique sua receptividade. É sua função! Você verá que sua inspiração e, portanto, suas "visões" (qualquer que seja a forma de suas manifestações) serão ampliadas. Por outro lado, o cristal é realmente a "consciência" de seu bastão. Tenha sempre uma conexão com ele, tenha consciência sempre de sua presença e de seu poder. Ao mesmo tempo, não deixe que outros o toquem. Ele ficaria carregado das energias deles também.

Outro ponto importante na utilização do bastão é seu nome! Embora sua escolha seja inteiramente dependente de sua inspiração, note que um nome muito comum reduziria sua excepcionalidade. Esse nome deve representar a alma de seu bastão, sua consciência. É a chave de sua ativação. Pronunciando o nome de seu bastão, você ativa sua consciência, como se despertasse um objeto inerte. Há muito tempo, escolhi os nomes de meus objetos mágicos nas genealogias que se encontram no final do romance de Tolkien, O *Senhor dos Anéis* (a gente não escapa, quando é fã!). Os nomes são sonoros e tão numerosos que há onde se inspirar. Porém tenho também outras fontes de nomes, como os poemas de Ossian e os textos da mitologia celta e nórdica. Pense grande e escolha um nome fácil de lembrar e que represente a sua alma. E, cada vez que você utilizar seu bastão, diga seu nome para ativá-lo; do contrário, os resultados não serão, necessariamente, os buscados.

Seu bastão deve também ser um bastão de caminhada! Por isso, ele deve ser sólido e resistente. Algumas vezes, o excesso de enfeites, de estética ou de desenhos sobre o bastão vai deixá-lo frágil e menos apto à marcha. Tenha isso em mente quando o decorar. Ele pode algumas vezes também ser uma arma, não se esqueça da natureza guerreira do mago, da qual já falei. Então, faça um bastão sólido e prático, em vez de fazer um bastão "bonito"!

Depois de ter feito essas diferentes considerações, vejamos as diversas funções de seu bastão:

- Os traçados;
- Os rituais;
- A vidência.

Os traçados

Como falamos, o bastão telúrico poderá ser usado por meio de traçados de runas no solo para modificar o equilíbrio telúrico existente. Indo um pouco mais longe que isso, diga que tudo o que será traçado com seu bastão será construído no astral. Haverá, portanto, uma ressonância energética possante, que será visível pelas entidades em torno de nós. Por exemplo, se você traçar um círculo em torno de você com a ajuda do bastão, estará protegido de todos os ataques exteriores, como se tivesse desenhado um círculo mágico com os elementos habituais de um ritual. Pense bem, portanto, nos diferentes símbolos que você traçará; cada um deles tem um reflexo no astral. Um bom conselho: se não estiver seguro em relação a um símbolo, não o desenhe! É melhor às vezes não fazer nada do que fazer errado!

O traçado das runas pode, também, apresentar alguns perigos. Muitas runas podem provocar interferências entre elas e ameaçar sua operação. Mantenha sempre a simplicidade. A magia telúrica deve ser simples e rápida. Se você copiar duzentas vezes o *Futhark* com o bastão telúrico, para se proteger da chuva, terá tempo de se encharcar antes de haver terminado! E, sobretudo, uma vez mais, conheça suas runas na ponta dos dedos! Quanto mais você avançar na magia telúrica, maior será a vontade de "testar" as operações mais delicadas, e o menor erro poderá se voltar contra você.

Outra coisa relativamente importante nos traçados com o bastão: tenha sempre em mente seu objetivo quando proceder ao traçado. Não se desvie, jamais, do que estiver fazendo. Um mago deve estar no "aqui e agora". Se você pensar em outra coisa, não fará nada bem. Além disso, a concentração no objetivo a ser alcançado é garantia de uma operação bem-sucedida. Se você visualizar um objetivo "em curso", ele permanecerá sempre "em curso". Dou sempre como exemplo a meus amigos uma pessoa que desejaria ganhar na loteria. Bem, evidentemente, isso deve se manter como uma imagem, porque, mesmo em magia, há domínios "reservados aos deuses". Mas, admitamos: eu desejo ganhar na loteria quando na operação mágica destinada a me fazer conquistar meus fins eu me visualizo preenchendo o cartão com os números que me farão ganhar. Porém nenhum de meus números acaba sorteado. Eu concluo que foi pequeno o tempo e recomeço... Ainda assim, nada. E continuo fazendo o mesmo durante anos. Na realidade, meu ritual tem funcionado! Eu jogo na loteria! Esta era a cena de minha visualização, conferir os números nos cartões da loteria! Teria falhado, veja bem, se eu me visse recebendo o cheque da Loteria Francesa... Então, não se esqueça, uma boa visualização é 50% do bom resultado do trabalho. E, se você tentar visualizar pensando na frase que deve pronunciar ou nas runas que deve gravar, sua visualização não terá toda a sua atenção e ficará, portanto, enfraquecida.

Os rituais

Neste caso, o bastão desempenhará, quase sempre, o papel de amplificador da energia telúrica. Qualquer que seja o ritual realizado, com o bastão na mão, você multiplicará cem vezes a energia que será usada na realização de uma operação. Isso não é pouco. Mas você deve dominar, antes disso, sua prática do pêndulo, para detectar o mais precisamente possível o "nó" ou o ponto telúrico que vai utilizar. Antes de traçar qualquer círculo no solo, ou de dispor elementos ao redor, use o tempo necessário para determinar o ponto onde será colocado o bastão, e depois faça todo o restante em torno desse ponto. Você ganhará tempo e precisão.

Antes de qualquer ritual, não se esqueça de "ativar" seu bastão chamando-o pelo nome. Se quiser se beneficiar com o que ele tem a lhe oferecer, será mais fácil se ele estiver "desperto".

É possível realizar todo tipo de ritual com seu bastão, independentemente da egrégora a que ele pertença. No entanto a magia telúrica é balizada sobre uma egrégora celta e escandinava; seus resultados serão melhores com esse tipo de magia. Porém nada lhe impedirá de, caso você pratique a magia cabalística, criar um bastão ligado a essa egrégora. Nesse caso, precisará adaptar a consagração nesse sentido e gravar o nome do bastão em hebraico.

Quanto aos rituais que vou apresentar nos próximos capítulos, serão, essencialmente, de tendência celta ou, pelo menos, pagã.

A vidência

Seu bastão combina muito bem com um jogo de runas. Não se esqueça, eles são feitos um para o outro. Assim, mesmo que você tenha muita tendência a usar as runas em rituais de magia, nada impede que realize algumas tiragens destinadas a orientá-lo em alguns momentos de sua vida. O bastão canalizará a energia para você transmiti-la e conseguir, assim, ver com mais clareza. Ele será, portanto, seu guia para desembaraçar os fios do destino. Mas atenção: não pratique vidências de salão e não se submeta às decisões das runas. Se o futuro que lhe é apresentado em uma tiragem não lhe convém, cabe a você impor sua vontade para mudar esse futuro. Um mágico não é um escravo, ele deve decidir sozinho seu destino, mesmo que conheça seus contornos.

Não abuse jamais da vidência e não a utilize senão em caso de extrema necessidade. Estamos em um domínio energético bem superior à vidência tradicional. E o excesso prejudica sempre.

Este capítulo sobre o bastão telúrico termina aqui. Vamos ver agora as ferramentas que serão úteis junto de seu bastão.

As ferramentas do mago telúrico

Assim como em meu trabalho sobre a magia verde, é preciso aqui também observar as diferentes ferramentas que serão úteis à nossa prática da magia telúrica. De fato, em função da técnica utilizada, o material muda e, a menos que você associe a magia verde à magia telúrica (apesar de tudo, elas são bastante próximas), aqui os alambiques e outras argamassas não terão qualquer utilidade. Ao contrário, se você sair sem seu jogo de runas e seu pêndulo, sua prática será bastante complicada. Então, vamos definir o que será sempre necessário ter à mão.

O jogo de runas

IN-DIS-PEN-SÁ-VEL em magia telúrica! Seu jogo de runas é o companheiro inseparável de seu bastão telúrico. Em geral, trabalhando as runas "ao acaso" é que você determinará a melhor ação a realizar com seu bastão. São também as runas que vão orientá-lo quando você precisar traçar um quadro tipo "tirar a sorte" (embora eu não goste muito desta expressão, que tomou uma conotação negativa em nossa época).

Falei um pouco no capítulo sobre as runas, mas vamos retomar o assunto aqui. O ideal é que você faça suas próprias runas (eu "defendo" que o mago, ou a maga, faça ele mesmo, ou ela mesma, seu material principal, carregando-o de sua força e sua energia). Efetivamente, meu jogo de runas me foi oferecido por uma amiga, como um presente, e é um jogo que demandou tempo e trabalho desta amiga. A conotação energética está, portanto, bem presente. Você pode escolher gravar as runas sobre seixos que tiver catado de antemão ou sobre pedaços de madeira (tente, nos dois casos, obter suportes homogêneos). Não vá gravar uma runa sobre um suporte de 4 centímetros de largura e uma outra sobre suporte de 10 centímetros! O problema que se coloca com os seixos é que 24 deles em uma bolsa a tiracolo, depois de quatro horas de caminhada, começam a pesar de uma maneira bastante desconfortável! Enquanto uma madeira leve não nos incomodará, de jeito nenhum. As runas deverão, em seguida, ser envernizadas e consagradas. Atenção, também, para não fazer objetos muito frágeis. Veremos, no capítulo sobre "lançar as runas", que isso será feito direto no solo. Se suas runas forem muito frágeis, elas acabarão se quebrando! Veremos como consagrá-las no capítulo sobre os rituais. Pense também em fazer (ou providenciar para que seja feita por uma pessoa próxima, caso não saiba costurar) um saco de linho ou algodão (a seda pode se mostrar frágil com o passar do tempo), ou, quem sabe, em tricotar em lã, para guardar com todo carinho suas runas. Um saco que possa ser fechado por um cordão se mostrará bastante prático. Evitará que suas runas se espalhem dentro do alforje.

O alforje

Como na obra sobre a magia verde, não posso evitar de falar novamente aqui de meu alforje do exército francês, recuperado em um brechó americano. É um pouco parecido com uma bolsa dos Estados Unidos, com a diferença de que esse é levado nos ombros. Eu desenhei algumas runas em pérolas ameríndias para "carregá-las" para a minha prática. É evidente que um objeto como esse, comprado por impulso em um brechó americano, deve ser objeto de um exorcismo (ou execração), como também de uma sólida consagração. Mas quanto serviço ele já me prestou!

Ela é fácil de usar, como o bastão, e não chama atenção quando se cruza com pessoas durante uma caminhada. Se você enfeitou um pouco também seu alforje, não hesite em me mandar uma foto de vocês para que eu veja sua criação!

O tríscele

Já falamos do tríscele durante todo um capítulo, não vamos ocupar o mesmo espaço aqui. Mas lembre-se, no entanto, de que ele será seu elo com a egrégora celta e sua proteção contra as energias negativas que poderiam atentar contra você. Tente levá-lo na altura do coração, para que cumpra perfeitamente sua função como escudo. O trísccle, o bastão e as runas são os três pilares da magia telúrica. Eles serão, juntos, um símbolo de reconhecimento entre os magos que os possuírem.

A corda com nós

Vinda diretamente da tradição escandinava, a corda com nós é um símbolo possante que o protegerá contra as energias hostis e o ligará à tradição nórdica. Como o trísccle, a corda com nós vai ser usada em todas as operações relacionadas à magia telúrica, sejam elas quais forem. Em sua obra *Runes et magie* [Runas e Magia], Nigel Pennick nos fala de sua fabricação e sua consagração, que eu apresento aqui com algumas pequenas correções. Temos que nos munir de uma corda (tipo cordão de cortina, que se encontra em armarinhos) vermelha com no mínimo 2,20 metros de comprimento (o tamanho indicado na obra de N. Pennick é de uma vara de 1,20 metro. Somente com o preparo é que se percebe que 1,20 metro menos nove nós resulta em uma corda que não dá a volta na cintura, mesmo que a pessoa seja anoréxica...). Considere fazer uma pequena execração ou um exorcismo na corda, antes de utilizá-la. Você deverá dar nove nós na corda, a uma distância relativamente aproximada (eu disse "aproximada", não vá pegar uma fita métrica para medir!). Cada um deles representa um dos nove nós da tradição rúnica. Ao dar os nós, você deverá dizer:

"Pelo nó Um, o trabalho começa.
Pelo nó Dois, o poder penetra.
Pelo nó Três, que assim seja.
Pelo nó Quatro, o poder se concentra.
Pelo nó Cinco, o poder vive.
Pelo nó Seis, o poder se fixa.
Pelo nó Sete, o poder vai crescer.
Pelo nó Oito, junta o destino.
Pelo nó Nove, está feito o que é meu.
Ka!"

O "Ka!", ao final do ritual, corresponde ao "amém" cristão ou ao "Awen" celta. Ele marca o ponto de ruptura do ritual. Essa corda deve cingir sua cintura em toda prática da magia telúrica.

O pêndulo

Já abordamos diferentes tipos de pêndulos no capítulo sobre a geobiologia, não voltaremos ao assunto aqui. No entanto algumas coisas se fazem necessárias. Certifique-se de que seu pêndulo se pareça com você, que você o "sinta" completamente. Não pegue um pêndulo muito leve, sabendo que você o utilizará muitas vezes ao ar livre, em condições às vezes de vento, que poderiam perturbar um pêndulo muito leve. Tenha um saquinho para guardá-lo e deixar dentro de seu alforje. O problema com um pêndulo é que nunca sabemos onde o deixamos! Se ele tiver seu próprio lugar, você jamais terá de procurá-lo...

Os hábitos

O mago telúrico não precisa ter um uniforme particular. Ele pratica uma magia "ativa" e baseada no dia a dia. Houve um tempo em que os druidas usavam uma longa túnica, o que não é o caso hoje. Munidos do bastão, do alforje, do tríscele e da corda de nove nós, já nos parecemos com uma árvore de Natal para atrair ainda mais os olhares de curiosos que não nos tivessem visto.

No entanto, na parte "ritualizada" da magia telúrica que abordaremos, aquela que consiste em realizar rituais mais "clássicos", protegidos em um templo ou em uma floresta distante, ao pé de uma árvore-mestra, você escolherá, conforme a tradição, uma túnica branca ou, como eu costumo fazer, um conjunto (camisa e calça) de algodão branco ou de linho branco. Você juntará a esse "uniforme" um par de sandálias de couro (se não puder ficar descalço) e seu traje estará completo.

O diário do mago

Como na magia verde, e em diversos tipos de magia, um registro de suas experiências, seus rituais e, sobretudo, suas runas unidas que tiverem tido um efeito convincente será muito útil. Não superestime sua memória! Pelo contrário, cuide dela e anote, anote sempre!

Caneta delével

Agora, já vejo você arregalando os olhos e se perguntando onde foi parar o amante da tradição que sempre fui! Bem, eu já o preveni no início do livro: é um sistema mágico bastante pessoal este que eu apresento aqui, portanto fiz ajustes que me pareceram úteis. Assim, para o que chamei de "runas de pele", você terá necessidade de uma caneta tipo "marcador", mas que possa ser apagada rapidamente quando houver necessidade disso (um marcador tradicional deixa sempre uma marca, mesmo depois de alguns dias). Eu uso, portanto, um marcador destinado a escrever sobre os CDs. Para minha grande surpresa, esse tipo de caneta funciona muito bem em runa de pele e sua tinta pode ser apagada totalmente também de forma muito fácil. Comprei, portanto, uma nova para juntar a meu equipamento, e o recomendo fazer o mesmo. Por enquanto, você ainda não tem noção da necessidade desse tipo de caneta, então vou explicar. Uma "runa de pele" será usada para agir diretamente sobre sua rede energética pessoal. Assim, se você tiver curtido uma noitada até de madrugada e for necessário levantar de manhã para ir ao trabalho, poderá experimentar uma runa "energética" para garantir estar em forma durante todo o dia. No entanto, no final do dia, se você esquecer de apagar essa runa, corre o risco de ter uma noite movimentada... Sim, eu sei, já passei por isso...

A adaga

Em diferentes obras sobre magia, atualmente, fala-se de "athame", de adaga ou de punhal. Antes, falava-se de espada, ou mesmo de "cana de espada", no século XIX. É preciso se adaptar! Você pode pegar uma pequena adaga como as usadas na "Idade Média" ou um punhal do exército, pouco importa. Tenha algo afiado e pontudo, com uma proteção de material isolante (madeira, couro etc.). Esse objeto lhe será útil para cortar galhos ou plantas, conforme a necessidade, mas, sobretudo, servirá como um "para-raios" contra as energias negativas que possam ameaçá-lo. Evidentemente, você tomará todo o cuidado para comprar esse objeto de primeira mão e de consagrá-lo corretamente antes de usá-lo.

Alguns rituais de magia telúrica exigem, claramente, uma espada, que agirá sobre as energias telúricas em conjunto com o bastão telúrico. Mas esse tipo de ritual não será apresentado aqui porque diz respeito a outro tipo de magia, que eu não posso evocar senão vagamente aqui e cujos ensinamentos não podem ser transmitidos senão oralmente.

Outros acessórios

Tenha sempre algumas velas de cera de abelha, fósforos ou isqueiro para acendê-las e — por que não? — algo para sustentá-las (castiçal). Entre os incensos, a resina de pinho, também conhecida como "breu", se mostra muito próxima da alma celta. Então junte a eles algumas brasas e uma concha abalone (ou de Saint-Jacques) para queimar tudo isso. Você poderá também ter um frasco de hidromel para os "sacrifícios" e alguns pedaços de pão para usar no momento em que forem necessários. Eu costumo usar o pão ázimo, que se conserva por mais tempo e não pesa muito. Complete seu alforje com o que achar necessário para você. Todos os seus acessórios deverão estar convenientemente guardados, sempre, em um armário fechado, protegidos de olhares alheios. Não esqueça nunca que a magia telúrica é uma magia "prática", vivida ao ar livre, mais frequentemente. Neste estado de espírito, aprenda a se desfazer de tudo o que é desnecessário e a se adaptar a seu ambiente.

Essa é a pequena lista de material necessário para a magia telúrica. Menos consistente do que a necessária para a magia verde, você verá que ela é totalmente suficiente para chegar aos resultados almejados.

Treinamento mental do operador

> *"O mais importante não é,*
> *necessariamente, o tempo que*
> *você treina, mas o modo como o faz."*
> ÉRIC LINDOS

A magia não se inventa. Como você já pôde constatar, um determinado número de conhecimentos "básicos" é necessário se quisermos saber o que fazer e como fazer. Eles são, de qualquer modo, as "regras do jogo" da magia. Porém, como tudo na vida, dedicar-se a conhecer as regras não fará de você um campeão, longe disso! Para atingir seus objetivos, será necessário praticar cada vez mais, dedicando-se a um treinamento específico que lhe permitirá forjar não seu corpo pela disciplina adequada, mas seu espírito. E quanto mais aplicado você for ao treinamento, mais satisfatórios serão seus resultados, ultrapassando até mesmo suas expectativas. A magia é uma disciplina que exige constância e rigor. Sem essas duas qualidades, é inútil prosseguir nesta leitura, pois a magia não é para você. No entanto, se você se aplicar no caminho da magia com vontade e perseverança, se tiver compreendido que ser mágico envolve todo o seu destino futuro, então reserve desde já um tempo para se dedicar diariamente a seus exercícios. Você será sempre recompensado por seu esforço e sua perseverança.

Meditação/concentração

A primeira etapa à qual você não poderá escapar é a da aprendizagem da meditação. Devemos entender meditação como "calma mental". Na verdade, na vida diária, você é constantemente assaltado por um grande número de pensamentos, ideias, questionamentos, etc. que são como uma poluição do espírito e que impedem sua concentração em uma única e exclusiva coisa por vez. Não podemos fazer nada, nossa sociedade funciona assim e devemos nos adaptar se não quisermos correr o risco de sermos descartados. Observe simplesmente o número de gestos que é necessário fazer ao mesmo tempo apenas para conduzir um carro: olhar para a frente (já é alguma coisa!), engatar a marcha com uma mão, segurar o volante com a outra, verificar os retrovisores, utilizar os pés para pressionar os pedais, prever o que vão fazer os motoristas ao redor; às vezes, alguns conversam com o passageiro ou ao telefone etc. Quando se verifica esta lista, a gente se pergunta como não ocorrem mais acidentes (embora eles já ocorram em demasia...)! Tudo isso apenas para lhe dizer que para cada ação realizada você consome uma quantidade de energia. Quando realiza inúmeras ações simultaneamente, essa quantidade cresce proporcionalmente. Para retomar nosso exemplo dirigindo um carro, não é de estranhar que fiquemos também exaustos depois de algumas horas dirigindo, mesmo que estejamos confortavelmente sentados... Quanto esforço dedicamos e quanta energia gastamos tranquilamente sentados!

Mas voltemos a nosso tópico: a magia. Sobre o que ela se apoia? A energia. Quanto mais dispomos de energia em um determinado instante, mais nossa ação mágica terá chance de sucesso. Então, se você precisa realizar uma magia assistindo a TV ou conversando com um amigo, desista, não chegará aonde quer. Temos, portanto, o dever de aprender a fechar as portas de outras atividades contínuas de nosso cérebro para nos concentrar apenas e exclusivamente em uma. Este aprendizado, que chamamos de meditação, é destinado a nos permitir acessar a "calma mental" para concentrar toda a nossa energia em um único objetivo.

Entre as primeiras ferramentas a dominar para atingir essa "calma mental" necessária à prática da meditação está a respiração, que devemos aprender a controlar. Por isso, vamos fazer um exercício bem simples, mas do qual você vai constatar a eficácia com o tempo.

1º exercício: respiração 4 tempos

Este exercício é conhecido pelo nome de "respiração 4 tempos". Por quê? Simplesmente porque esta respiração tem quatro "fases" distintas e de igual duração. Concentrando-se em sua respiração, você vai aprender a "domar" seu inconsciente e a assumir facilmente o controle. Por outro lado, você irá também aprender a concentrar sua atenção em apenas uma coisa de cada vez, o que nos conduz tranquilamente à calma mental. Veja como fazer.

O tempo necessário poderá ser mais ou menos longo. Para começar, alguns segundos serão suficientes e você irá aumentando esse tempo à medida que for evoluindo no treinamento. Mas, de início, três segundos serão suficientes.

Tempo 1

Inspire tranquila e profundamente pelo nariz, durante três segundos, enchendo bem os pulmões, inflando sucessivamente o ventre e o peito.

Tempo 2

Segure a respiração, com os pulmões cheios, sem relaxar, e mantenha-se assim por três segundos.

Tempo 3

Expire lentamente pela boca, durante três segundos, esvaziando bem os pulmões. Para isso, esvazie o peito e depois o ventre.

Tempo 4

Bloqueie a respiração, com os pulmões vazios, durante três segundos.

Tempo 5

Retome o exercício a partir do tempo 1, e assim por diante.

No início, sobretudo se você não tiver o hábito de praticar esse tipo de respiração, vá com calma. Ou seja, cinco minutos por dia serão suficientes para começar. Depois, ao final de duas semanas seguindo este padrão, aumente para dez minutos, e assim por diante, à medida que se sentir capaz. Não vale a pena querer ir muito rápido. Sendo mais cuidadoso, seus resultados serão melhores.

Este exercício vai permitir que você se concentre em apenas um objetivo nesta fase: a respiração. Concentrando-se apenas nela, o encher/esvaziar do peito e do ventre, o tempo etc., seu cérebro não terá chance de pensar em outra coisa. Quando essa respiração se tornar automática, bastando a você se posicionar para que ela ocorra naturalmente, passe ao exercício seguinte.

2º exercício: adquirir tranquilidade mental

Para fazer este exercício, você precisa já ter dominado o exercício anterior, que deverá ser feito naturalmente. Você vai escolher um lugar calmo onde não será incomodado pelo menos durante meia hora, para começar. Fique em uma posição confortável, deitado de costas, ou, se tiver receio de adormecer, sente-se em uma poltrona. Feche os olhos e inicie a respiração "4 tempos".

No começo, pensamentos variados ocuparão seu espírito. Você vai pensar, talvez, no que aconteceu na véspera, no que você comeu, no livro que está lendo ou em alguma notícia que recebeu. Não bloqueie esses pensamentos, mas tente não retê-los. Na verdade, não faça nada! Deixe-os seguir adiante, sem prendê-los. Principalmente, não se concentre em qualquer um deles. Mantendo este conceito de "não ação", depois de algum tempo de exercício, você vai perceber que o número de pensamentos "parasitas" vai se reduzir, até que não reste mais nenhum. Neste momento, quando nenhum pensamento se intrometer em seu repouso, você terá atingido a tranquilidade mental. No início, ela não vai durar mais que poucos segundos. Todavia, quanto mais você praticar este exercício, maior será o tempo conquistado para essa calma mental. Quando este exercício já não tiver mais segredos para você, sem perceber, terá avançado em direção ao desenvolvimento mágico de seu corpo. Poderá, então, passar para o exercício seguinte.

3º exercício: a visualização

Até aqui você já adquiriu as bases da meditação. Sabe agora colocar seu corpo em estado de "vigília consciente" e assim permanecer. Você vai perceber rapidamente que este estado conduz a um bem-estar particular, que o recarrega de energia e logo aprenderá que ele é a base de toda ação mágica.

O próximo exercício lhe dará a possibilidade de agir quando alcançar a tranquilidade mental. Depois da passividade aparente da meditação, vamos passar para uma fase de atividade, que utilizará o conjunto de suas energias. Retomemos, portanto, nosso caminho a partir do ponto em que paramos. Uma vez conquistada essa tranquilidade, nenhum pensamento parasita invadirá mais seu espírito e você começará a imaginar um quadro branco. Essa imaginação é chamada "visualização", pois a ideia é enxergar com os olhos do espírito. Será inútil, portanto, ficar forçando a vista como tive a oportunidade de ver algumas pessoas fazendo, pois ela não será de nenhuma utilidade nesse momento.

Depois que a imagem do quadro branco for criada em seu espírito, você poderá imaginar/visualizar que desenha nele um triângulo vermelho. Concentre-se então nesse triângulo vermelho sobre o fundo branco e mantenha essa imagem o maior tempo possível. No começo, "ver" um quadro branco talvez seja difícil. No entanto, também nesse caso, a repetição regular dos exercícios formará seu espírito e os resultados aparecerão dia após dia. Quando você já "tiver" o triângulo vermelho, tente ver outras figuras. Vá treinando até dominar perfeitamente a visualização. À medida que for evoluindo no treinamento, teste imagens mais complexas, como paisagens, situações, etc. Depois, visualize pequenas cenas da vida cotidiana, que você criará em todos os detalhes. Visualize, por exemplo, você passeando de barco ou por uma cidade. Quanto mais conseguir "ver" claramente situações complexas, cheias de detalhes, e criadas minuciosamente em seu espírito, mais estará desenvolvendo sua energia mágica. A visualização é, por assim dizer, o cimento de sua vontade mágica.

Quando tiver dominado bem este exercício, passe ao seguinte.

4º exercício: carregar-se de energia

Este exercício permitirá que você condense a energia exterior e a canalize em seu organismo. Isso vai fazer com que, depois de dominada a visualização, ela se torne mais clara, mas fluida, ou quase real. Graças a este exercício, você vai poder projetar sua visualização no exterior de seu espírito e "ver" também com seus olhos. Isso vai possibilitar também o uso de mais energia em suas operações mágicas. À medida que avançar em sua formação, sua capacidade de canalização aumentará e veremos como adquirir ainda mais energia usando diretamente a energia da terra.

Para começar, sente-se confortavelmente no chão e tente chegar ao estágio de tranquilidade mental. Feito isso, visualize uma corrente de energia passando por todo o seu corpo, da base do cóccix, subindo pela coluna vertebral e jorrando no alto do crânio. Sinta essa energia percorrer seus músculos, se esgueirar por seus membros, preenchendo seu ser. De acordo com suas próprias sensações, você poderá sentir uma série de formigamentos, um calor particular ou um frescor, pouco importa. O importante é que você tenha uma sensação distinta que lhe permita experimentar essa energia. No começo, serão apenas alguns segundos dessa corrente de energia contínua; depois alguns minutos, conforme evoluir sua formação. Quando a canalização da energia deixar de ser mistério para você, tente a variante seguinte, canalizando a energia telúrica.

5º exercício: canalizar a energia telúrica

Quando você aprender a canalizar a energia, poderá começar a se conectar a fontes cada vez mais importantes de energia. Vamos ver como.

Eis duas variantes que lhe permitirão testar novas fontes energéticas. A primeira consiste em tirar seu pêndulo do saquinho e, sobre uma área, buscar o melhor lugar em que poderá canalizar a energia telúrica. Sua convenção mental poderá ser, por exemplo, "qual é o melhor ponto de canalização telúrica nesta área?". E seguir as indicações do pêndulo. Depois de determinar o ponto, sente-se sobre ele e comece o exercício anterior.

No momento em que for fazê-la subir por seu corpo, visualize-a saindo do solo e penetrando em seu corpo pelo cóccix. Sinta-a invadir seu ser, preenchendo-o e se integrando ao seu organismo. As sensações relacionadas a este exercício serão certamente mais intensas que antes. Se elas o perturbarem, pare o exercício e retome-o mais tarde em outro lugar. Vá devagar, a energia telúrica não se deixa dominar de uma vez. Não force, trabalhe no seu ritmo.

6º exercício: canalizar a energia de uma árvore-mestra

Neste caso, vamos retomar o exercício anterior, embora o lugar que você buscará será ao pé de uma árvore-mestra, onde você se sentará encostado ao tronco. Atenção, se você é particularmente sensível às energias, comece com uma árvore jovem, que tem menos energia para canalizar. Este exercício deve ser feito ao pé de uma árvore-mestra somente quando você tiver aprendido a dominar perfeitamente a canalização de energia.

Encostado no tronco da árvore, comece o exercício conforme explicado acima. Depois, visualize a árvore-mestra com uma aura imensa e brilhante, de muitas dezenas de metros. Sinta seu poder e sua energia se espalhar por tudo ao seu redor, depois sinta a energia penetrar em seu corpo. Sinta toda a sabedoria e toda a energia ancestral da árvore-mestra entrar em você e inundá-lo. Sinta a consciência dela se conectar à sua e aprenda com ela tudo o que ela tem a lhe ensinar. Uma operação mágica realizada logo em seguida a esta meditação não terá praticamente nenhuma chance de falhar.

Não tenha pressa de interromper esta meditação. Aproveite o tempo para se reconectar com seu corpo e se desligar do poder da árvore. Haja o que houver, você vai guardar uma parcela da energia dela em você. Com o treinamento, conectando-se regularmente à mesma árvore-mestra, você acabará por contatar sua hamadríade[8] e estabelecer uma verdadeira ligação com ela, por meio da qual poderá receber numerosos ensinamentos.

Há ainda inúmeros exercícios que podem levá-lo a desenvolver sua tranquilidade mental, sua visualização e sua canalização. Alguns são inegavelmente eficazes, mas acredito que muitos desses ensinamentos são destinados a uma tradição oral, em que aquele que ensina avalia as capacidades do aluno à medida que ele evolui, a fim de lhe dar acesso a exercícios que lhe serão mais benéficos.

7º exercício: projeção (desapego)

Depois que dominar os diferentes exercícios apresentados até aqui, você já saberá como ficar em estado meditativo, canalizar a energia, criar uma imagem energética, pela visualização, de seu objetivo, mas ainda lhe faltará aprender a

---
[8] Ver Apêndice I.

projetar essa imagem no mundo astral, para que ela se materialize no mundo físico. Para isso, vamos ver uma projeção básica, vindo diretamente da magia telúrica, utilizando uma runa relacionada, criada especialmente com esse objetivo.

É bem fácil compreender o princípio da projeção. Uma vez que você tenha visualizado um objetivo a realizar, a imagem "programará" a energia canalizada dando-lhe um objetivo. No entanto, se você rejeitar a energia, guardando a visualização no espírito, estará rejeitando uma energia idêntica àquela canalizada. É preciso, portanto, que sua visualização permaneça ligada à energia, e você deverá, assim, rejeitar a visualização ao mesmo tempo que a energia. Para isso existe um fenômeno chamado "ruptura", que consiste em uma fração de segundo para "esquecer" sua visualização para deixá-la partir.

Vejamos isso na prática.

Você se coloca na posição adequada, depois de ter atingido a tranquilidade mental, canalizado a energia telúrica e visualizado um objetivo a atingir. Você terá, portanto, a imagem de seu objetivo da forma mais detalhada possível. Quanto mais precisa for essa imagem, maiores serão as chances de ter seu objetivo alcançado. Assim que você se sentir completamente pleno de energia e conseguir reter sua imagem precisa pelo maior tempo possível, contraia todo o corpo, sentindo a energia ser expulsa de uma única vez do seu organismo. No momento em que ela for eliminada do seu corpo, a imagem deverá desaparecer totalmente do seu espírito. Ela deve, na verdade, partir com a energia.

Uma vez realizada a projeção, volte ao seu estado normal, pegue suas coisas e não pense mais em seu objetivo; ele se realizará por si só. Se voltar a pensar nele, vai enfraquecer o resultado por sua implicação energética.

ATENÇÃO: uma visualização de objetivo deve considerar o objetivo realizado, e não em vias de realização. Volto sempre ao exemplo do jogador de loteria, que dei no início deste livro, para deixar bem claro esse detalhe.

8º exercício: projeção para a utilização de uma runa relacionada

Este exercício totalmente inédito vai permitir a você projetar sua energia com muito mais rapidez e resultado que o anterior. Na verdade, o exercício é idêntico ao anterior, mas, no momento da projeção, substitua a imagem de seu objetivo pela das runas *Ehwaz* e *Ingwaz* unidas (ver adiante). Essas duas runas são justamente usadas, em magia, para a projeção mágica. Ligando-as a um símbolo original, isso vai permitir que seu inconsciente as reconheça e as utilize unicamente em sua capacidade de projeção. Você vai perceber, então, que a imagem mental de seu objetivo terá abandonado totalmente seu espírito. Mantenha por alguns segundos a runa unida em sua mente, depois termine o exercício como indicado anteriormente.

9º exercício: indicações suplementares para garantir uma higiene física necessária ao operador

Os exercícios desenvolvidos até aqui requerem alguns detalhes importantes. Na verdade, eles pressupõem pessoas em boa saúde física e mental e que mantêm, no dia a dia, boas condições de higiene. Se você pratica esses exercícios e, em paralelo, fuma três maços de cigarro[9] por dia, come todos os dias no McDonald's ou engole 15 quilos de carne por dia, certamente não vai conseguir progredir rapidamente. Não esqueça nunca que todo excesso é prejudicial e que a qualidade de seu envoltório energético depende muito de seu envoltório físico! Coma de forma equilibrada, elimine todas as fontes de dependência excessiva (cigarros, álcool, drogas etc.) e não rejeite um pouco de esporte ou esforço físico. Por exemplo, se para chegar ao seu local de trabalho você depende de um elevador, suba pela escada, o que já vai lhe garantir um mínimo de exercício.[10]

Não exagere jamais na quantidade de carne em sua alimentação. Mesmo que você não seja adepto de uma alimentação vegetariana, pois as proteínas animais são indispensáveis, nossas necessidades dependem, basicamente, do modo como gastamos estas proteínas no dia a dia. A não ser quem realiza um trabalho em que use a força física, como um carregador, agricultor, pedreiro, etc., não se tem necessidade de carne todos os dias. Além do mais, você vai se dar conta de

---

[9] Além do fenômeno da dependência provocada pelo tabaco, a planta em si, relacionada a Saturno, entorpece os corpos energéticos e os subverte. É fortemente desaconselhado na prática da magia...

[10] Em regra geral, evite os elevadores, eles nos tornam preguiçosos.

que existem muito mais legumes do que você acredita e que variar a alimentação é variar os prazeres!

Além dos cuidados higiênicos que todo homem e toda mulher devem ter, sejam eles praticantes de magia ou não, há outras técnicas importantes que nos permitirão aperfeiçoar e purificar nosso organismo.

Por exemplo, beber o "chá das sete ervas"[11] durante alguns dias, em jejum, pela manhã, a cada mudança de estação, permitirá que seu organismo elimine todas as toxinas acumuladas, fortalecerá suas defesas imunitárias e vai protegê-lo das doenças da estação.

Do mesmo modo, depois de uma noitada regada a bebida,[12] um chá de tomilho em jejum, pela manhã, eliminará rapidamente as toxinas da véspera e o deixará pronto para o dia.

Preparei toda uma gama de óleos energéticos que permitem aos iniciantes no caminho da magia obter uma ajuda preciosa em diferentes momentos. Esses óleos são feitos com produtos naturais e conforme suas analogias planetárias. Não hesite em me contatar se quiser obter mais informações.[13]

Outros preparados e conselhos são dados ao longo dos ensinamentos orais.

---

[11] Ver *Manuel de magie pratique* [Manual de Magia Prática], do mesmo autor.
[12] "Equilíbrio" não significa "ascetismo".
[13] Por meio do site do autor: http://www.paracelse-remedies.com.

Prática da magia telúrica

Neste capítulo, vamos tratar, essencialmente, da utilização das runas na prática da magia telúrica. Veremos, em outro capítulo, a colocação em prática de alguns casos concretos de tudo o que aprendemos. É importante ressaltar algumas coisas sobre as runas, antes de seguir adiante. Minha experiência pessoal me ensinou que as runas não são apenas canalizadoras de energia telúrica, o que significa que elas agem, em parte, por si mesmas, mas são também as chaves que abrem as portas do nosso psiquismo, desbloqueando certas energias conforme sua função. Para que compreenda o que foi dito anteriormente, é preciso que saiba que somos constituídos de um consciente e de um inconsciente. O consciente é que determina todas as nossas ações e decisões diárias. Se eu entro em meu carro, eu o faço conscientemente. Se eu decido abrir um livro, o faço conscientemente também. O consciente é analítico. Ele precisa do concreto, do nome, do texto para compreender. Ele decide e faz.

O inconsciente age de maneira diferente. Primeiro, é ele que faz com que seu coração bata, que faz você respirar, digerir, mas, também, que supervisiona o bom funcionamento do seu sistema energético. É ele também que tem as chaves das funções "secretas" do ser humano, como a telepatia, a vidência, o magnetismo, etc. O problema, para o inconsciente, é que ele não fala a mesma língua que o consciente. Se o consciente tem necessidade analítica, o inconsciente compreende apenas o simbólico. E se comunica apenas desta forma. É por este motivo que, algumas vezes, é tão difícil compreender seus próprios sonhos. De fato, você quer "analisar" com seu consciente um sonho que é uma mensagem que seu inconsciente lhe transmite em linguagem... simbólica!

Tudo isso pode parecer complicado, mas o iniciado sabe como estabelecer um contato entre o consciente e o inconsciente. Assim, um campo inteiro das ciências ocultas se dedica a aprender e estudar os símbolos e os arquétipos.[14] Mesmo que o seu inconsciente possua um arquivo pessoal de símbolos compreensíveis unicamente por você (quando vemos um objeto que nos faz lembrar de alguém ou de algum acontecimento, por exemplo), ele também tem um outro arquivo, comum a todos os homens de uma mesma cultura (até certos símbolos, comuns a todas as culturas) e armazenado no que C. G. Jung chamava "inconsciente coletivo". Esse arquivo possui inúmeros símbolos que, a um simples olhar, vão disparar reações de seu inconsciente, em função de seu significado. Assim, uma pomba branca simbolizará a paz; o sol, a alegria etc.

Alguns desses símbolos são conhecidos tanto pelo inconsciente quanto pelo consciente. Mas outros, dos quais só os iniciados têm o segredo, provocam diretamente efeitos sobre seu inconsciente, sem disparar reação por parte de seu consciente. Eis aí todo o segredo de um ritual iniciático. Lá onde seu consciente não vê senão uma simples "peça de teatro" às vezes mal representada, seu inconsciente reagirá de maneira diferente, ativando os processos de abertura do espírito ou do despertar de faculdades psíquicas. Este é o motivo pelo qual muitas pessoas, tendo passado por um ritual iniciático correto, embora não tenham tido no momento a percepção de terem passado por algo maravilhoso, veem depois sua vida e sua visão das coisas mudar radicalmente, sem compreender por quê. Por outro lado, uma pessoa sem preparo, ou mal preparada para viver um ritual iniciático, pode sofrer graves desgastes em seu psiquismo.

As runas fazem parte desse imenso arquivo comum de símbolos. Cada runa, quer você se dê conta disso ou não, vai ativar uma reação em seu inconsciente relacionada à sua função. Além de sua capacidade de "abrir as portas" no inconsciente, as runas agem diretamente sobre a energia ambiente, modificando a informação para programá-la de forma bem definida. As runas têm, portanto, um imenso poder, do qual vamos vislumbrar a extensão.

Em primeiro lugar, saiba que cada runa pode ser usada isoladamente, para nos fazer usufruir de uma ação particular que lhe é própria. Em magia telúrica,

---

[14] Simbolismo e mitologia.

a runa escolhida poderá ser usada gravada sobre uma pedra (runa de pedra), desenhada sobre a pele, para favorecer uma pessoa em particular (runa de pele), ou, ainda, traçada no solo, com a ajuda do bastão telúrico, com o objetivo de modificar uma corrente de energia, para uma finalidade específica. Simplificando, estes são os casos de utilização isolada de uma runa.

A escolha das runas

Agora você me perguntará: como escolher a runa? São muitas as possibilidades. Se você tiver tempo disponível, basta pegar o capítulo sobre as runas e os oghams e, mantendo na mente a ação que espera da runa, buscar aquela que se aproximará melhor do seu objetivo. É um método analítico que já foi comprovado e que, se você souber exatamente o que deseja, jamais irá decepcioná-lo.

Quando você não tiver este livro à mão, ou nos casos em que houver necessidade de uma resposta imediata, um outro método consiste em "sortear" uma runa, concentrando-se seriamente no objetivo a alcançar. Esse método pode parecer "arriscado" (justamente!), mas você será sempre surpreendido pelos resultados. No início, se não tiver confiança em sua tiragem, verifique neste livro se a runa que você tirou corresponde bem ao seu objetivo. No entanto você vai perceber rapidamente que pode confiar em seus sentidos, às vezes mais até do que nos livros... Em geral, de qualquer maneira, a runa será eficaz, mesmo que por vias que lhe sejam estranhas.

O lançamento de runas

No caso de modificação das energias de um lugar, eu uso o método do "lançamento de runas". Esse método costuma ser reservado à tiragem de muitas runas, mas você vai perceber que, algumas vezes, quando se tira muitas runas dessa maneira, apenas uma entre elas é realmente eficaz.

Na verdade, esse método consiste em tirar três runas de seu saquinho e lançá-las no solo, concentrando-se em seu objetivo. Frequentemente acontece de uma ou duas dessas runas caírem com a face voltada para baixo. Portanto apenas as runas com a face voltada para cima serão válidas. Se as três runas caírem voltadas para baixo, recomece a operação usando três outras runas. Se elas, novamente, caírem voltadas para baixo, lance mais uma vez outras três runas. Se nenhuma delas mostrar a face ao cair, isso significa que você nada pode fazer no estado atual das coisas. Há situações em que a magia não será de nenhuma ajuda.

Nunca tire mais de nove runas, isso não é nada favorável. E, quando os deuses decidiram por três vezes que seu objetivo não deve prosseguir, uma quarta tiragem só o conduzirá a um mau caminho.

Esta técnica será sem dúvida a que você vai usar mais vezes, por ser simples de aplicar e eficaz em seus resultados. No entanto não se esqueça de uma regra básica: se você não conhece o simbolismo das runas, não faça uso desse método. Aprenda antes a teoria, para depois confiar na sua intuição. Porque a intuição não é nada sem o conhecimento, não se esqueça disso!

O traçado das runas

Vamos agora ver como, e em que casos, podemos desenhar uma runa para alcançar um objetivo. Saiba que o traçado nunca é trivial. Seu objetivo vai depender do suporte, do objeto usado para o traçado e do lugar em que a runa será colocada.

Por exemplo, o suporte não será o mesmo se a runa precisar ter uma ação contínua por alguns anos, ou se, ao contrário, tivermos necessidade de suas energias apenas por algumas horas. O suporte deverá, portanto, estar em conformidade com o resultado buscado.

Vejamos, então, sobre que suporte podemos trabalhar:

As runas de pedra

Suporte tradicional de runas, nós o utilizaremos para modificar a energia de um lugar de maneira pontual ou contínua. Na verdade, o fato de gravar uma runa sobre um seixo, por exemplo, nos permite colocá-la em um local preciso, mas também deslocá-la se sentirmos necessidade disso. Eu prefiro os seixos de pedras contendo um pouco de quartzo, como o sílex, que permite manter por mais tempo a informação dada pela runa, e também amplificá-la.

Tenho usado com bons resultados esse tipo de pedra gravada, para aumentar o rendimento de uma horta. Usei a runa *Fehu*, runa do crescimento e da fertilidade, que gravei sobre uma pedra contendo quartzo, e posicionei-a ao lado de uma chaminé (ou nó) telúrica encontrada no jardim. Os resultados foram espetaculares. A runa canalizou a energia telúrica no sentido do crescimento, o que foi muito bem aproveitado pelas plantas ao redor. Por exemplo, um pé de verbena, que nunca tinha atingido mais que 1,40 metro, ultrapassou os 2 metros! E todas as plantas do canteiro experimentaram o mesmo fenômeno.

A gravação da runa sobre a pedra se fará de modo bem fácil, com a ajuda de um pequeno pirógrafo.

As runas da pele

Estamos aqui em um terreno totalmente desconhecido, acredito eu, da literatura rúnica moderna. Fiz esta descoberta bem recentemente, quando ajudava um amigo a construir um depósito de madeira. Em pleno verão (e, portanto, a pleno sol), passamos oito horas por dia a carregar e montar vigas de muitas dezenas de quilos. Estávamos, portanto, desde o meio da semana, completamente esgotados. Tive, então, a ideia, ao acordar de manhã, de desenhar em mim, na face interna do punho esquerdo (bem abaixo do fecho do meu relógio), a runa *Kenaz*, runa da força e da energia. Pois foi só desenhá-la sobre a minha pele e senti formigamento no punho, acompanhado de um grande alívio, como se me tivessem tirado toda a fadiga da semana. E a jornada de trabalho transcorreu tranquilamente, tanto que eu não estava cansado no final do dia. Tive, depois, a oportunidade de experimentar esse tipo de runa, desenhada sobre a pele, em todo tipo de situação, de dor nas costas a problema de insônia. Sempre com resultados espetaculares.

Lembre-se de usar uma caneta nova, que será reservada apenas para isso. Veremos, no capítulo "Rituais", diferentes aplicações desse método.

No caso em que for necessário manter as runas da pele por mais tempo, como, por exemplo, tratar uma doença ou um problema físico, não hesite em utilizar o nanquim, que garante uma influência energética excelente.

Pode-se também usar as runas da pele durante um ritual e, principalmente, no contexto da magia sexual, onde desempenham um papel importante de amplificação e canalização das energias desenvolvidas.

Dou aqui uma advertência cuidadosa às pessoas que fazem tatuagem de runas. Atenção, isso significa que você manterá pela vida uma influência energética que talvez não lhe seja necessária até o fim de seus dias. Seja bastante prudente quanto ao uso das runas em tatuagens, que, pessoalmente, não recomendo.

Runas de pergaminho

Por "pergaminho" entenda "papel não reciclado". Em outras palavras, evite papéis de baixa qualidade e assegure-se da rastreabilidade de suas folhas. Aliás, as lojas esotéricas oferecem atualmente pergaminho animal e vegetal, que seria uma boa opção. Há os pré-cortados de 10 cm x 10 cm, perfeitos para o que queremos.

Chamo aqui sua atenção para o fato de que, em magia, damos preferência a um papel "não reciclado" e, em geral, a instrumentos novos. Há um motivo para isso, que chamamos "remanência". A remanência é o nome que se dá ao fenômeno que faz com que, quando você toca um objeto ou o utiliza, deixa nele, obrigatoriamente, uma pegada energética comparável a uma impressão digital, e que vai, de certa maneira, "sujar" esse objeto. Desse modo, se fizermos um talismã para uma pessoa com um material que já tiver sido "contaminado" por outra pessoa, poderá haver conflito entre as energias, o que diminuiria as chances de sucesso.

Este fenômeno perturba bastante os radiestesistas, principalmente aqueles especializados na busca de pessoas desaparecidas. Desse modo, uma pessoa se deslocando será detectada pelo radiestesista em diferentes locais ao mesmo tempo toda vez que ela tiver, inconscientemente, deixado uma pegada energética.

Obviamente, toda runa traçada em pergaminho será feita com nanquim...

Runas de terra

O que eu chamo de "runa de terra" é, de fato, qualquer runa ou runa relacionada traçada diretamente no solo com o bastão telúrico. Essas runas são geralmente destinadas a modificar as energias de todo um lugar ou mesmo a atuar sobre qualquer ser, humano ou animal, que passe por esse lugar. A duração de sua ação dependerá de sua intenção e de seu domínio sobre suas capacidades mágicas. Uma runa traçada com vontade poderá ter uma ação duradoura por muitas dezenas ou centenas de anos, como também poderá durar apenas alguns minutos. Tudo depende das qualidades do operador e do que ele quer fazer.

Para apagar uma runa de terra, será suficiente revolver o terreno em que ela foi traçada. Todavia, algumas runas destinadas ao longo prazo sobreviverão a esta ação. Saiba, portanto, perfeitamente, o que você fez, para não "derrubar" a energia de um lugar.

Runas mentais

Como na técnica de projeção, estas runas serão essencialmente visualizadas e depois "projetadas" com o objetivo que lhes será determinado. Elas permitirão, também, que seu subconsciente se "programe" com vistas aos objetivos a realizar. Veremos alguns exemplos no capítulo "Rituais e segredos".

Outros suportes

As runas podem ser gravadas sobre diferentes suportes. Sobre objetos de madeira, por exemplo, para lhes emprestar qualidades mágicas do metal e do aço, como lâmina de adaga ou de espada usada em magia, e sobre inúmeros tipos de objetos, como pratos, tigelas, uma jarra ou uma garrafa de vidro (para "programar" a água ou outro líquido), um canivete ou seja lá o que for. Na verdade, apenas seu discernimento e suas necessidades lhe indicarão o suporte que você deverá valorizar por uma ou várias runas, para obter os resultados esperados.

Porém não se esqueça de que não se grava uma runa pela estética, mas, sim, por um objetivo preciso, e que usar uma "bela runa" sem razão prática pode ser extremamente desfavorável.

As runas relacionadas

Pela prática das runas relacionadas, entramos para valer em uma técnica absolutamente apaixonante e eminentemente eficaz. De fato, temos agora que aprender a combinar as energias de muitas runas, criando um novo destino a um objetivo preciso e do qual seremos os únicos a conhecer a finalidade. Como você poderá constatar, o número de combinações possíveis entre duas runas é gigantesco e dependerá apenas de suas preferências, o que lhes dará um toque pessoal perfeitamente adaptado à magia.

Para ilustrar minhas explicações, vamos pegar a runa relacionada de projeção que lhe propus no capítulo anterior. Para isso, será necessário usar as runas cuja função mágica estiver relacionada ao meu objetivo: a projeção da energia mágica.

Pesquisando no capítulo sobre as runas, duas delas atraíram minha atenção:

A runa *Ehwaz*, que tem entre suas funções mágicas permitir "projetar seu poder mágico", e a runa *Ingwaz*, que tem entre uma de suas funções mágicas "liberar rapidamente a energia". Outras runas poderiam ser relacionadas a essas, mas não achei necessário, sabendo que queria uma runa relacionada simples e concreta em seus objetivos.

Atenção: misturar muitas energias costuma enfraquecer as chances de sucesso. Simplifique!

Uma vez definidas essas duas runas, é necessário então uni-las para que virem apenas uma. Eu poderia colocá-las lado a lado, ou de diferentes maneiras, mas optei por colocar *Ingwaz* sobre *Ehwaz*, como no desenho ao lado, o que acaba por resultar na runa que propus acima.

Como você pode constatar, a técnica é simples de realizar e dependerá basicamente de suas preferências quanto à forma de sua runa relacionada.

Vimos que *Ehwaz* e *Ingwaz* podem formar uma excelente runa relacionada de projeção. Mas vamos supor, agora, que eu deseje usar essas duas mesmas runas para outro objetivo. Por exemplo, associando o poder de "desenvolver sua sabedoria profética" de *Ehwaz* com o de "permitir a meditação, a concentração de energia e de reflexão" de *Ingwaz*. Neste caso, se eu as associo da mesma forma que pela projeção, haverá um conflito de interesses, e não saberei mais estabelecer a diferença entre o uso de uma ou de outra. Eu deveria, portanto, criar uma nova runa relacionada, diferente daquela de projeção. Houve uma vez em que escolhi colocar *Ingwaz* sobre um ramo de *Ehwaz*, para obter a runa aqui ao lado. Teria sido possível, também, reduzir um pouco *Ingwaz*, para ter uma runa relacionada mais simétrica. Entretanto o objetivo aqui é fazer com que você compreenda que, uma vez criada uma runa com um objetivo definido, não devemos usá-la para outra coisa.

Essa forma de juntar várias runas deverá se tornar automática para você, já que vai recorrer a ela regularmente. Quando se faz o lançamento de runas, por exemplo, se muitas runas são tiradas, será necessário, algumas vezes, uni-las rapidamente para realizar o seu traçado, sem necessariamente ocupar o tempo para considerar diferentes ligações possíveis. As runas relacionadas podem, obviamente, ser usadas sobre todo tipo de suporte já apontado e em todas as aplicações possíveis.

E aqui eu vou, voluntariamente, me repetir: não misture muitas runas de uma só vez! Três ou quatro runas são suficientes para realizar uma boa runa relacionada. Sobretudo porque você deve se lembrar de cada runa introduzida na composição de sua runa relacionada, e corre o risco de se confundir se elas forem muitas.

Veremos sempre, na técnica das "amarelinhas", a que ponto se pode conduzir o procedimento, memorizando uma ordem particular de união das runas, a fim de usá-las mentalmente para alcançar um objetivo com muitas etapas. A runa relacionada nos permite uma gama enorme de possibilidades, e cabe a cada um desenvolver essa técnica. Aqueles que tiverem oportunidade de seguir os cursos práticos que ministro em La Rochelle poderão trabalhar bastante com esses sistemas.

A seguir, como prometi, segue um texto sobre as runas que podem ser usadas em runas relacionadas e a partir do novo *Futhark*.

O escudo rúnico

Esta é uma técnica comum tanto à tradição celta quanto à tradição escandinava. A única diferença consiste no emprego dos oghams pela primeira, e das runas pela segunda. Este sistema permite combinar as influências de várias runas ou runas relacionadas em um objetivo previamente definido. As runas são assim desenhadas sobre as extremidades de uma "estrela" inscrita em um círculo, em que o número de ramificações será determinado em função das necessidades. Tradicionalmente, esse número deveria ser 4, 6, 7 ou 8 e é, com certeza, eminentemente simbólico. No entanto, no quadro da magia telúrica, podemos realizar estrelas com 3, 5, 9 ou 12 ramificações, em função de seu simbolismo e do objetivo visado.

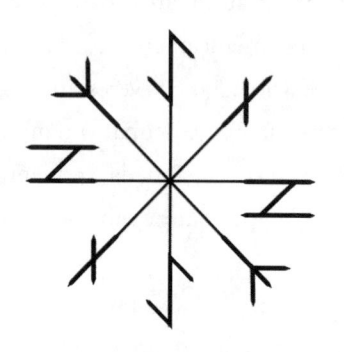

Antes de prosseguir, convém saber que a estrela comumente mais usada é a de oito ramos, que a tradição chama de "estrela celeste". Essa estrela era frequentemente representada sobre os escudos dos soldados, como proteção ou poder nas batalhas.

Eis, por exemplo, um escudo de proteção feito com as runas *Elhaz*, *Hagalaz*, *Naudhiz* e *Eihwaz*, cada uma sendo repetida sobre uma estrela celeste (ver acima). Esses escudos eram também chamados de "insígnia de poder" quando usados como pendentes.

Em nossa prática da magia telúrica, vamos usá-los de diferentes formas e, em particular, para canalizar uma grande quantidade de energia com um objetivo particularmente elevado, como, por exemplo, realizar a passagem da alma, da qual falaremos no capítulo dos rituais.

Assim, devemos traçar um escudo rúnico no chão, com o bastão telúrico, e seu centro deverá estar sobre um ponto telúrico particular. Tradicionalmente, o escudo é traçado fazendo cada ramo partindo do centro para fora, e não através de uma linha de intersecção do centro. Portanto faça vários rascunhos do desenho, antes de fazer o desenho ritual do escudo. Pode-se, também, uma vez desenhado o escudo no chão, cercá-lo com um círculo para reforçar sua ação. Caso se desenhe um escudo de quatro ou oito ramos, sua orientação desempenhará também um papel, principalmente se forem desenhados em função dos quatro pontos cardeais. Em regra geral, e qualquer que seja o escudo traçado, seu cume deverá ser sempre orientado para o Norte.

Podemos também traçar esse tipo de escudo protetor usando os oghams em vez das runas, para nomear um lugar particular com o objetivo de instalar aí uma egrégora que você usará. Não entrarei nos detalhes dessa técnica, que deve ser transmitida oralmente, pois seu uso pode ser muito poderoso.

Os escudos não serão obrigatoriamente limitados ao traçado no chão. Você poderá também usá-los em runa de pedra, de pergaminho, de pele, etc. Seu nome mágico, traçado como escudo sobre sua pele ou levado como um pendente, se tornará rapidamente um símbolo forte de poder. Mais uma vez, sinta-se livre para substituir as runas por oghams.

Vamos ver agora que o escudo rúnico pode também ser usado na prática dos jogos de poder das "amarelinhas".

Os jogos de poder das "amarelinhas"

A técnica dos jogos de "amarelinhas" é, até onde sei, praticamente desconhecida do público francófono interessado em magia. Ela é, certamente, também desconhecida pela maior parte dos autores francófonos. É, portanto, uma técnica antiga e tradicional, que os praticantes da PNL[15] resgataram sem se dar conta de sua prática.

A magia, como disse anteriormente, deve ser um diálogo constante entre o consciente e o subconsciente, para que o primeiro consiga desbloquear, no segundo, as energias que lhe serão necessárias. É isso que torna possíveis as "programações", para que o subconsciente realize uma série de ações espaçadas no tempo, sem que o consciente tenha necessidade de se preocupar.

Abro aqui um parêntese referente à hipnose: não é de estranhar que, até o século XIX, a hipnose fosse estudada nas obras de magia e considerada uma prerrogativa do mago. De fato, a hipnose é a ciência do inconsciente e de seus mecanismos. Conhecer seu funcionamento é ser capaz de comunicar-se com ele, ou mesmo controlá-lo. Uma pessoa que domine seu inconsciente é, portanto, um mago consumado. Por isso é importante para todos os que estudam as artes

---

[15] PNL: Programação Neurolinguística. Técnica que usa as ferramentas da hipnose para tentar convencer determinado público. Bastante usada em comerciais.

da magia interessarem-se pela hipnose, e esse é o motivo pelo qual eu lhe reservo um lugar especial nos cursos que ministro em La Rochelle todos os anos.

Mas voltemos a nossos jogos de poder das "amarelinhas". Não confunda este termo com o jogo de amarelinhas das brincadeiras de nossa infância. Esse termo designa, na verdade, a técnica segundo a qual vamos dividir nossa ação em diferentes etapas, que nos levarão em direção a nosso objetivo principal. Veja a seguir como vamos proceder.

A série de etapas vai se desenrolar da seguinte maneira:

- 1ª etapa: meditação;
- 2ª etapa: concentração no objetivo e sua visualização;
- 3ª etapa: canalização da energia;
- 4ª etapa: visualização de um símbolo (ou de uma runa) associado à etapa do objetivo visado e enunciação de um vocábulo ou uma palavra de poder;
- 5ª etapa: projeção da energia e vazio mental.

Em seguida, passaremos para a próxima etapa do objetivo, recomeçando a operação.

Esses diferentes pontos deverão ser absolutamente controlados separadamente para não abrir espaço para qualquer tipo de erro no momento de proceder ao encaminhamento global. Por isso cada etapa de seu objetivo deverá ser trabalhada isoladamente por, no mínimo, uma semana. Depois de realizada a etapa 1, durante uma semana, a semana seguinte começará pela retomada da etapa 1 encadeada à etapa 2, e isso durante toda a segunda semana. A terceira semana terá a etapa 3 encadeada todos os dias à sequência das etapas 1 e 2. E assim sucessivamente. O número de semanas será o mesmo de etapas até que você alcance seu objetivo.

Você deve compreender que a técnica das "amarelinhas" deve corresponder a uma ação precisa, mas não pontual. Ou seja, se você consumir seu tempo para estabelecer uma "amarelinha" que lhe servirá apenas uma vez na vida, será melhor utilizar outra técnica. A "amarelinha" deve, na verdade, corresponder a um ato seu, pessoal, que pode ser considerado um poder que lhe é próprio.

Ao todo, e conforme sua memória, você aprenderá em sua vida menos de uma dezena de "amarelinhas" diferentes; cada uma tem sua própria função. E, de um mago para outro, essas "amarelinhas" poderão ser completamente diferentes, o que constituirá sua particularidade. Os druidas da Antiguidade tinham a reputação de dominar os elementos, particularmente, a Água e o Fogo. Mas nenhum dominou todos os elementos ao mesmo tempo. Cada um tinha sua especialidade, seu "poder", certamente, seu ou sua "amarelinha".

Utilizando um exemplo concreto, vamos ver como realizar uma "amarelinha" que lhe permita se projetar em uma vida passada em alguns segundos.

A primeira etapa vai consistir em pegar um papel e um lápis para registrar por escrito o conjunto do que constitui sua "amarelinha". Considerando que desejamos fazer uma viagem em nossas vidas passadas, vejamos então o caminho a seguir, caso queira fazer essa viagem pelas técnicas clássicas, tais como a auto-hipnose.

A regressão se dá em etapas. De início, é preciso se colocar em estado meditativo. Em seguida, é preciso entrar em um estado de relaxamento mais profundo, usando, por exemplo, um sistema de redução. Essas duas etapas vão constituir a primeira fase de nosso objetivo.

Depois de cumprida a etapa de aprofundamento do relaxamento, devemos começar a voltar conscientemente a um acontecimento de nosso passado próximo, primeiro visualizando-o, e, uma vez obtida essa visualização, projetando-a em nossa consciência para reviver os menores detalhes. Este exercício formará a segunda etapa de nossa "amarelinha".

Depois dessa primeira visualização, é preciso passar à segunda. Retornar ao momento de seu nascimento, começando por visualizar o que você sabe, depois projetando isso em sua consciência. Isso vai constituir nossa terceira etapa da "amarelinha".

Em seguida, peça a seu subconsciente para escolher uma vida passada cujos ensinamentos possam lhe ser úteis em sua vida atual. Crie uma vida mental e deixe as imagens virem por si só. Quando visualizar essas imagens, projete aí sua consciência e deixe-se escorregar nesta vida. Aprenda o que você precisa aprender aí e depois, fazendo uso de uma contagem regressiva, peça para acordar em sua vida atual. Isso vai constituir sua quarta e última etapa do objetivo.

Poderemos, também, classificar o despertar em uma quinta etapa, conforme o gosto de cada um, já que o exposto aqui é apenas um exemplo.

Temos, então, quatro etapas principais para atingir nosso objetivo. Isso significa que a criação de nossa "amarelinha" deverá durar um mínimo de quatro semanas.

Para cada uma dessas etapas, vamos elaborar um símbolo, ou melhor, criaremos um símbolo único que dividiremos em quatro pedaços, cada pedaço correspondendo a uma etapa de nossa "amarelinha". No desenrolar de nosso treinamento, vamos nos concentrar separadamente sobre cada pedaço, para terminar reunindo-os, o que provocará em nosso inconsciente o desengate de nosso objetivo. A cada pedaço deverá estar associado um vocábulo que, poderá também ser formado por quatro sílabas (uma para cada etapa); e cada sílaba será associada à visualização de uma das quartas partes do símbolo e pronunciada durante a visualização.

O objetivo é que, ao final de quatro semanas de trabalho, lhe seja suficiente traçar o símbolo completo e, pronunciando o vocábulo, ver-se instantaneamente em uma vida passada.

Saiba, também, que o uso das runas em uma "amarelinha" permite que nos beneficiemos de suas energias para ampliar nossa programação. Assim, poderíamos selecionar quatro runas cujas propriedades estivessem relacionadas com cada uma das etapas. Dessa maneira, visualizando uma runa por etapa, depois juntando as runas para formar uma runa relacionada ou um escudo rúnico, teríamos facilmente nosso símbolo. O vocábulo seria obtido por intermédio do valor fonético de cada runa organizado por ordem de uso.

Acho que agora você já sabe o bastante sobre a fabricação de uma "amarelinha" de poder. O exemplo que eu dei aqui é relativamente simples de executar, mas você deve saber que, conforme as suas capacidades psíquicas, poderá criar "amarelinhas" cujos efeitos sejam inquestionáveis. Porém jamais se esqueça de que nunca se deve ter "os olhos maiores que a barriga" e que uma "amarelinha" só pode ser construída sobre um "poder" que você já domine. Ela deve, essencialmente, lhe permitir ganhar tempo, e não criar coisas que você não controle!

Passemos agora a outra técnica também apaixonante, a "sorte nos traços".

A sorte nos traços

Eis uma técnica muito usada hoje em dia pelos radiestesistas, mas que se origina diretamente da magia tradicional. Enquanto a técnica das "amarelinhas" é indicada para um trabalho que poderá ser realizado inúmeras vezes, a "sorte nos traços" convém mais a uma operação simples e precisa. Por outro lado, se você precisa realizar duas vezes uma mesma operação, intercaladas por um lapso de tempo, mesmo que curto, você deverá então tirar a sorte duas vezes também.

Com este método, você vai criar um símbolo que sairá direto de seu inconsciente e que projetará no mundo material o resultado de sua visualização. Você vai precisar de um pêndulo, de um lápis e de uma folha de papel virgem.

Comece por se concentrar em seu objetivo, relaxando e buscando a tranquilidade mental. Uma vez alcançada, visualize o mais precisamente possível seu objetivo atingido, com o máximo de detalhes. Depois, segurando seu pêndulo com a mão direita, apanhe o lápis com a mão esquerda e desloque-o suavemente sobre o papel, sem riscá-lo.

Neste ponto, você deverá ter, em primeiro lugar, estabelecido uma convenção mental com seu pêndulo para que ele inicie um giro a cada vez que você colocar um ponto sobre o papel.

Assim, enquanto você deslocar o lápis sobre o papel, haverá momentos em que seu pêndulo começará a girar, indicando onde marcar. Depois que isso tiver sido feito, continue seu movimento. Não perca jamais seu objetivo de vista! Ao longo de todo o exercício, uma série de pontos cada vez mais precisos começará a formar um símbolo sobre a folha. Quando o pêndulo parar de girar sobre a folha, seu desenho estará terminado.

Esse símbolo será a manifestação material de sua visualização e, portanto, de seu objetivo. Você pegará então um compasso e traçará dois círculos em volta do desenho. Ele será usado como um talismã que você colocará no lugar onde pretende ver realizado seu objetivo.

Conforme o nível de magia que você pretenda atingir, poderá desenhar seu símbolo com a ajuda de seu bastão telúrico, para atuar diretamente sobre os elementos da natureza. Esse símbolo poderá também ser usado de forma ritualística, desenhado a nanquim sobre um pergaminho. Com o treinamento, você será capaz de desenhar um símbolo sem o auxílio de um pêndulo, sentirá diretamente as linhas sob seus dedos e poderá desenhar o símbolo em alguns segundos.

Embora a eficácia desse tipo de magia seja muito precisa, estou convencido de que lhe prestará excelentes serviços. Porém fique atento, pois, como tudo na magia, não se deve abusar. A magia deve ser um último recurso, quando tudo o mais tiver falhado.

Expressões e palavras de poder

*"Quando sua palavra, com o tempo,
terminar por expressar apenas a verdade
que ela contém, ela será, então, o mestre da palavra..."*
JACQUES RUBINSTEIN

Entre os domínios necessários à boa realização de uma magia, este é um dos mais conhecidos, mas raramente aprofundado: as palavras de poder e a criação de expressões. Todos nós sabemos, hoje em dia, que a vibração emitida por uma nota musical em uma determinada frequência, mantida durante alguns segundos, pode estilhaçar um copo. Já ouvimos, em algum momento de nossa vida, o estrondo produzido pela passagem de um avião pela barreira de som. Sabe-se que, sem ir até os extremos, o som tem um efeito bem real sobre a matéria e que é esta mesma propriedade que usamos em nossa prática de magia. Porque o som, como o símbolo, pode provar ser a materialização do pensamento no plano concreto. Todo mundo conhece o poder das palavras e o poder que tem um bom orador para se comunicar com as multidões. E o político eleito hoje em dia não é, necessariamente, o que tem boas ideias, mas, sobretudo, o que sabe usar as palavras certas. Por outro lado, não é por acaso que, na tradição celta, o druida era também um bardo!

Vamos, portanto, neste capítulo, aprender os poderes das letras e das palavras de poder, ou, mais precisamente, dos sons, porque as letras são, simplesmente, a transcrição escrita de um som, e, portanto, de uma vibração.

Os nomes divinos

Para começar, há as palavras de poder, formadas pelos nomes de diferentes divindades na língua das culturas que as adoravam na origem. Seu poder não é ligado apenas à sua vibração fonética, mas também à egrégora à qual estão relacionadas, que representa um arquétipo ou uma característica associada ao nome. Assim, se usamos a palavra "Paralda",[16] que, aliás, pode não dizer muita coisa a você, isso vai fazer parte da invocação de uma energia ligada ao elemento Ar; "Paralda" é o nome que a tradição mágica atribuiu à egrégora dominante (ou representativa) nesse elemento. Um nome, em magia, nunca é trivial, e se você o usa a torto e a direito, isso acabará forçosamente se voltando contra você. Imagine que você esteja imerso em uma ação delicada e que um palhaço se divirta chamando-o constantemente por seu nome, sem motivo. Você corre o risco de se irritar e, na melhor das hipóteses, de não lhe responder, ou pior, você pode se tornar agressivo. Bem, as egrégoras reagem da mesma forma, em função de sua natureza. Isso nos conduz à nossa primeira regra referente as palavras de poder: *

Um nome divino não deve, jamais, ser usado em vão!

Em sua prática, procure conhecer a mitologia ligada à egrégora usada e use os nomes divinos na língua de origem. Você verá, então, que seus rituais ganharão outra dimensão.

Vimos, no capítulo sobre o bastão telúrico, a importância de nomear seus principais objetos mágicos. É seu nome que lhes dá poder e os diferencia dos outros objetos similares. Para ampliar esse fenômeno, não hesite em criá-los, usando as regras e os princípios que vamos ver aqui.

Os vocábulos ou as palavras de poder

Os vocábulos são, na tradição ocidental, o equivalente aos mantras na tradição oriental. São fenômenos criados para induzir os efeitos específicos quando

---

[16] Ver Apêndice I.

recitados. Esta indução pode acontecer tanto no plano físico quanto no plano energético.

A construção desses vocábulos obedece a regras precisas:

- primeiro, estudar de maneira conveniente e precisa o objetivo e a qualidade de modulação energética a ser usada;
- fazer a triagem na lista a seguir, selecionando os vocábulos que usaremos, sem cair no exagero. Um vocábulo mais curto será bem mais eficaz que um vocábulo longo;
- na hora de criar o vocábulo, será necessário visualizar perfeitamente o objetivo;
- será preciso, em seguida, meditar sobre cada som separadamente, antes de meditar sobre a palavra completa de poder;
- depois, será possível acrescentar um gesto particular à pronunciação da palavra de poder.

Vejamos, portanto, agora, o simbolismo inerente às letras que usaremos na composição de nossos vocábulos.[17]

A: Sua vibração está ligada ao azul-claro, seu elemento é o Ar. Ele corresponde à energia de consciência transcendente. Representa a emissão, a expansão, a extensão, a admiração aprovadora e contemplativa. A receptividade, a difusão energética, a afirmação positiva e a contemplação interior.

Representa a iluminação do intelecto, a capacidade de julgamento, a compreensão das verdades mais profundas, o conhecimento, a percepção mental e o desenvolvimento de todas as faculdades intelectuais. Simboliza a totalidade energética e corresponde à energia de consciência transcendente. Graças a esta letra, os fonemas constitutivos das palavras são portadores de significação. Símbolo do permanente, dá alma a todas as consoantes.

---

[17] Esta listagem se baseou nas obras de Franz Bardon, de Pierre Manoury e de Jean Haab, que você encontrará na Bibliografia deste livro.

O **A longo** (com um traço horizontal em cima) é uma vogal desdobrada, que é a tomada de consciência. É o fonema de beatitude, no sentido de tomada de consciência de si.

AI – Indica a união do cósmico e da terra.

AU – Esta tomada de consciência, do ponto de vista fonético, expressa totalmente a energia da atividade. De um ponto de vista mais pragmático, pode-se resumir assim o conjunto de fonemas usuais e suas implicações.

B: Sua vibração está ligada ao violeta-claro, seu elemento é a Terra. Ele corresponde ao invólucro, ao que envolve, à proteção, etc. Realiza, em todas as combinações em que está presente, o poder absoluto sobre o eletromagnetismo em todas as esferas.

C: Sua vibração está ligada à cor vermelha, seu elemento é o Fogo, mas também o Ar. Ele corresponde à leveza. Tem a ver com as ideias divinas, com todos os desejos e as virtudes.

Ch ou **X**: O farfalhar, o suave vento purificador.

D: Sua vibração está ligada ao azul-escuro, seu elemento é o Fogo. Ele corresponde ao foco da energia. Está ligado a tudo que se refere à consciência e à ligação entre corpo mental e corpo astral; e mais, o "D", quando é usado, expande a consciência de si e leva à sabedoria.

E: Sua vibração está ligada ao violeta-escuro, seu elemento é o *Akâsha* (ou éter). Ele corresponde à resistência, ao contato, à impermeabilidade. Em determinado nível, corresponde à noção de obstáculo. Constitui a negativa universal. No que diz respeito ao gestual operacional, o E permite a coordenação da vontade e do gesto, a possibilidade de agir no momento exato. Ele se relaciona à projeção da consciência e à intuição. É um símbolo da sabedoria. É também a união da consciência com a energia da vontade.

F: Sua vibração está ligada ao verde-claro, seu elemento é a Terra. Ele representa a compreensão, a dominação pacífica do que se cria pela magia. Ele implica a unificação das quatro qualidades fundamentais do espírito: o poder da vontade, o intelecto, o sentimento e a consciência de si.

G: Sua vibração está ligada ao verde-claro, seu elemento é a Água. Ele corresponde ao plano interior. Relaciona-se com a bênção divina: a misericórdia, a paz, a remissão dos pecados, etc.

H: Sua vibração está ligada ao violeta-prateado, seu elemento é o Fogo. Representa a respiração no movimento de expiração. Refere-se a tudo o que implementa a intuição concedida pela Divina Providência.

I e Y: Sua vibração está ligada ao opala-claro, seu elemento é a Terra. Corresponde à vontade, à afirmação. O I tem a mais alta densidade vibratória, ele permite, abrindo-se os braços simultaneamente à sua pronunciação, fortalecer a personalidade. Sua prática libera a expansão automática e faz desaparecer a ansiedade. Age positivamente sobre a árvore da vida. Diz respeito a tudo o que é relacionado à consciência, à reminiscência e à memória. A vontade corresponde a uma orientação do pensamento, à intenção. No I não há qualquer emanação, mas o pensamento orientado para a criação.

J: Sua vibração está ligada à cor opalina, seu elemento é a Água. É ligado a tudo o que se refere ao êxtase e à abdução divina.

K ou Q: Sua vibração está ligada à cor azul-prata, seu elemento é o Fogo. Representa a ação da mente sobre a matéria. Ele implementa tudo o que manifesta a fé religiosa.

L: Sua vibração está ligada ao verde-escuro, seu elemento é o Ar. Corresponde à forma impondo sua lei sobre a matéria. A luz. Expressa tudo o que diz respeito à compreensão mental da verdadeira ética, como é entendido o hermetismo.

M: Sua vibração está ligada ao azul-esverdeado, seu elemento é a Água. Representa a harmonia, a vibração, a onda, a água. É a expressão do que está em harmonia, justo e equilibrado. Diz respeito aos sentimentos, à vida e à sensibilidade.

N: Sua vibração está ligada ao vermelho-sangue, seu elemento é a Água. Corresponde ao fechamento, ao fim. Diz respeito à aura mental e à aura da ligação entre o corpo mental e o corpo astral.

O: Sua vibração está ligada ao azul-marinho, seu elemento é a Terra. O movimento unificador e pacificador. O é a negação particular. Por meio desta ressonância se estabelece a compreensão daquilo que surpreendeu. O impõe um retorno a si mesmo, é a continuidade na transmutação de energias. Ele implica as qualidades fundamentais da mente no que diz respeito à harmonia, ao destino e às leis universais. A revelação cresce, mas ligada a uma diminuição da consciência.

P: Sua vibração está ligada ao cinza-escuro, seu elemento é a Terra. Ele representa a energia ascendente. A energia contida, bruscamente liberada, se eleva. É amplificado por **A** e **T**, que sustentam um movimento brusco dos membros superiores. Diz respeito a tudo o que recorre ao sentimento religioso e a uma devoção bem profunda.

R: Sua vibração está ligada ao dourado-brilhante, seu elemento é a Terra. Corresponde à rotação, ao Fogo. Simboliza as energias incessantes. Ele dá liberdade à vontade, à ação e ao intelecto.

S: Sua vibração está ligada ao vermelho-púrpura, seu elemento é o Fogo. Representa o apaziguamento da atividade. Exprime o entusiasmo e o domínio absoluto do fluido elétrico.

T: Sua vibração está ligada ao preto-amarronzado, seu elemento é o Fogo. Corresponde à energia descendente. Ao crepitar. Ele domina todas as fases da memória.

Ts: O alijamento, o alívio.

U: Eclosão ou revelação na consciência cósmica. A matriz. O projeto de manifestação toma uma forma de despertar, no seio da consciência universal, como identidade para a qual se encaminha a energia do criador.

V: Sua vibração está ligada ao verde-claro, seu elemento é a Água. Ele é o envoltório em movimento.

W: Sua vibração está ligada à cor rosa arroxeada, seu elemento é a Água. Ele implica o aroma sutil, a psicometria e todas as outras habilidades ocultas intermediárias.

Z: Sua vibração está ligada ao amarelo-limão claro, seu elemento é o Ar. Ele corresponde à delicadeza, à extrema leveza. A descontração. Exalta todas as faculdades intelectuais e atua particularmente sobre a memória.

Estudando essa relação, você poderá compor os vocábulos ligados a suas magias em traços, como também a suas "amarelinhas" de poder e a todas as suas operações que precisem de uma palavra de poder. Da mesma forma, poderá criar o nome de seus objetos mágicos ou, ainda, seu nome de mago.

Pronúncia das palavras de poder

A voz do mago deve ser percebida acima das outras, ela deve surpreender, curar ou fazer vibrar. É, portanto, indispensável que o tom no qual você vai pronunciar suas palavras de poder seja diferente do que você emprega usualmente. Da mesma forma, um corpo forte dotado de uma voz fraca não terá credibilidade. Na magia, se afirma, se domina, tendo plena confiança em si. Não se sussurra uma palavra de poder, se impõe!

É, portanto, muito importante "**trabalhar**" sua voz e sua pronúncia. Eu reconheço que o aprendizado da hipnose me foi de grande ajuda para "impor" minha voz.

Em sua excelente obra *650 mots de pouvoir* [650 Palavras de Poder], Jean-Luc Caradeau dá um exercício simples para "**trabalhar**" a voz, que ele divide em quatro etapas sucessivas:

Na primeira etapa, intitulada "**Respirar**", o autor nos ensina a respirar pelo ventre. Em seguida a um relaxamento e a uma concentração sobre a respiração, aprendemos a fazer o ar sair diretamente do ventre. Esse exercício, além de ser simples, vai permitir que você perceba e sinta diretamente os movimentos que seu corpo faz quando você respira, para que você aprenda, então, a controlá-los.

Na segunda etapa, a que ele dá o nome de "**Emitir um som**", Jean-Luc Caradeau nos ensina como regular o fluxo de ar emitido pela boca. Dessa forma, você aprenderá a fazer vibrar seu corpo com o som e a manter uma nota pelo maior tempo possível.

A terceira etapa proposta, "**Dar potência**", vai fazer com que você se concentre na boca e na garganta. Associando a respiração ventral ao controle dos músculos da garganta, você aprenderá a emitir um som mais vibrante ainda.

Finalmente, a última etapa, chamada "**Falar**", lhe permitirá colocar em prática as três etapas anteriores na leitura de um texto, com a respiração aqui explicada.

Eu não reproduzirei aqui os exercícios que ele propõe, prefiro aconselhá-lo a comprar o livro e praticar todos os exercícios nele descritos. São propostas também outras técnicas e, no meu entender, esta obra dá um apanhado geral na questão do treinamento da voz para a magia, e eu a recomendo com ênfase a todas as pessoas desejosas do aprendizado da magia.

Runas e Vocábulos

A associação dos símbolos e dos sons pode nos levar bem longe. Por exemplo, contra um estado de ansiedade ou de estresse, pode-se perfeitamente criar um vocábulo de relaxamento que associaremos a uma runa com as mesmas propriedades. Uma vez feita essa associação, bastará, em caso de estresse, usar essa runa traçando-a sobre nossa pele ou sobre a pele da pessoa interessada, pronunciando o vocábulo associado, para ter imediatamente um efeito de relaxamento e de serenidade. Esse tipo de associação nos permite igualmente usar uma mesma runa para diferentes funções, conforme o vocábulo usado.

Agora que você conhece a formação e o uso dos vocábulos, e partindo do princípio de que não vai negligenciar seu treinamento físico e psíquico, nada mais vai impedi-lo de passar para a prática, ao mesmo tempo pessoal e tradicional. Como digo sempre, aprender um conjunto de "receitas" sem compreendê-las limita você, obrigatoriamente, a elas, não permitindo que faça senão o mimetismo.

Já o aprendizado de como compor e usar as regras da magia tradicional fará de você um autêntico mago, que não será limitado senão por sua própria imaginação.

Agora, medite um pouco sobre as informações que acaba de receber até esta etapa do livro e pense um pouco em todas as combinações que vai poder realizar.

Como sugestão, vou lhe propor algumas técnicas; vou lhe falar de alguns "segredos" que experimentei ao longo de minha prática e irei revelá-los. O objetivo não é que você copie sistematicamente sem avançar, pois eles não são o caminho, são simplesmente exemplos. É a você que cabe construir seu caminho.

Rituais e segredos

Abordaremos agora a última parte desta obra. Se você chegou até aqui sem ter lido inteiramente tudo, aconselho-o a voltar ao início e estudar os ensinamentos dados, antes de ir adiante neste capítulo. É bom que você tenha praticado por algumas semanas os exercícios contidos neste livro, antes mesmo de "pensar" em colocar em prática o que vai encontrar aqui. Em todo caso, vale a pena ressaltar dois pontos:

- o primeiro é que, sem o aprendizado anterior, você terá dificuldades para entender o que vai fazer. E, neste caso, seus resultados não alcançarão o que você almeja e, principalmente, você terá dificuldades para repeti-los;
- o segundo é que, sem a experiência dos exercícios contidos nas páginas anteriores, seus resultados serão quase, ou mesmo completamente, nulos. Não se menospreze. Um resultado não acontece porque você recita um ritual como um tolo, ele chega porque você forjou seu corpo e sua mente para atingir esses resultados. E isso significa que, mesmo que você seja apaixonado pela magia, a paixão não substituirá jamais o exercício. Portanto exercite-se, mais e mais, para começar a realizar o que vamos ver agora. E são os resultados que você vai alcançar a partir de agora que vão falar sobre a qualidade de seu treinamento. Seus resultados serão sempre os únicos juízes em uma prática que se realiza, em geral, de forma solitária.

Isso posto, comecemos por algumas "experiências" práticas.

A runa da horta

Este é um pequeno exercício que eu adoro, porque o uso muito (não se pode amar a terra sem amar o plantio!), com grandes resultados. É uma experiência simples, cujos resultados você verá ao longo do ano seguinte e também dos anos que virão.

Você vai precisar de um pirógrafo, que encontrará em loja de material de artesanato, de um seixo ou uma pedra que contenha quartzo (evite, no entanto, pegar um cristal de rocha!), de seu pêndulo ou de uma antena de Lecher e de toda a sua atenção.

O objetivo é conseguir um crescimento positivo dos legumes e um rendimento suficiente para você e sua família. Você deverá, portanto, estabelecer sua visualização destes pontos, vendo-se rodeado pela família a degustar os legumes de sua horta.

Sente-se em um lugar calmo, em que você não possa ser perturbado. Alcance a tranquilidade mental e comece a visualizar seu objetivo. Depois de fazer a visualização, mantenha-a em seu pensamento e pegue sua pedra e seu pirógrafo. Calmamente, desenhe a runa *Fehu* na pedra, repetindo seu nome diversas vezes. Você pode muito bem fazer esta operação com muitas pedras, conforme a área de sua horta. A ideia é colocar uma pedra gravada sobre cada "nó" telúrico do seu terreno.

Depois que as pedras forem gravadas, envolva-as em um tecido natural (algodão, lã, linho, cânhamo, seda, etc.) até a hora de usá-las.

A segunda etapa do seu trabalho vai consistir em pegar seu pêndulo para identificar os diferentes nós ou cruzamentos da rede Hartmann em seu terreno. A cada vez que encontrar um nó, cave um buraco de 30 centímetros mais ou menos no lugar e enterre nele uma de suas pedras. Repita a operação em toda a superfície do terreno. Você poderá também, a título de comparação, dividir sua horta em duas partes e enterrar suas pedras em apenas uma delas, para observar as diferenças de uma parte para a outra.

Depois que colocar as pedras, esqueça-as! Esqueça o motivo pelo qual estão lá, esqueça até mesmo onde elas estão. Você não deve mais pensar em sua ação mágica; do contrário, a energia projetada pelas pedras será limitada pela sua impaciência. Deixe as coisas fluírem, uma vez que a sorte foi lançada, e desfrute dos resultados.

Domar uma árvore-mestra

Se você quiser aprofundar sua experiência e seus conhecimentos na magia telúrica, será forçosamente levado a procurar, encontrar e domar uma árvore--mestra, ou, ao menos, se aliar com sua hamadríade. Para isso, você terá que procurar, e procurar mais, embora, como diz o ditado, quando o aluno está pronto, o mestre aparece. Não adianta sonhar, a magia depende de envolvimento pessoal, você não vai desenvolver nada apenas lendo um livro. Será necessário agir, e agir outra vez. Em relação à árvore-mestra, a tarefa será difícil para alguns, fácil para outros. Tudo vai depender do lugar onde você mora ou de sua dedicação à busca. Será preciso ir regularmente à floresta. Escolha uma floresta antiga, com árvores de ao menos duzentos anos e, se possível, a mais próxima de sua casa. Ao escrever estas linhas tenho consciência de que muitos de meus leitores não conseguirão ir muito longe. Mas não desista, você poderá encontrar uma árvore--mestra à qual seja possível voltar algumas vezes por ano, e, neste caso, outros caminhos se abrirão para que você possa se realizar como mago, ou maga.

Mas voltemos à nossa árvore-mestra. Passeando regularmente entre as árvores, peça à floresta para levá-lo a sua guia. Não peça nada para você, anseie por, simplesmente, lhe oferecer sua amizade. De início, a floresta parecerá vazia e sem vida, mas, à medida que você avançar, aprenderá a reconhecer seus ruídos, seus cheiros, e começará a perceber detalhes que antes não tinha notado. A vida acabará por se mostrar a seus olhos e você saberá, então, que está no bom caminho. Porém isso leva tempo, não vai acontecer nas primeiras vezes.

Enfim, vai chegar o momento em que seus passos, guiados pelas dríadas, o conduzirão a uma árvore-mestra. Aproxime-se dela com respeito e submissão. Derrame na terra, perto dela, um pouco de hidromel, simbolizando suas homenagens. Considere-a como sua mestra, porque sua idade e sabedoria fazem dela um ente superior. Depois de observar, aproxime-se, sente-se de pernas cruzadas ao pé da árvore, com as costas contra o tronco ou o mais próximo possível. Comece a controlar sua respiração para atingir a tranquilidade mental. Canalize a energia do lugar sentindo-a subir de seu cóccix, passando por cada um de seus *chakras*, até jorrar através de seu *chakra* coronário. Depois que a energia for canalizada, visualize cada uma das palavras que desejar endereçar à árvore. Apresente-lhe sua amizade, explique-lhe sua presença e diga-lhe seu nome de mago. Depois, pergunte qual é o nome dela. Você não receberá esta informação já no primeiro encontro, mas saiba que, quando você o aprender, isso significará que a árvore o aceita como aluno.

Estabeleça o hábito de ir regularmente meditar junto de sua árvore-mestra. Você poderá lhe fazer perguntas, mas deixe-se também conduzir sem querer controlar nada no caminho que ela irá fazê-lo trilhar. Os ensinamentos que você receberá serão exclusivos e destinados a você. Pode anotá-los em seu diário de mago e colocá-los em prática, mas não se esqueça nunca de que esses ensinamentos são reservados apenas a você.

Nunca negligencie sua árvore, pois esta poderá se ofender. Doravante, ela irá guiá-lo quando precisar, dando-lhe força e energia, expandindo todas as suas possibilidades...

Vidência telúrica

Este exercício requer o uso do bastão telúrico. Aqui, ele não atuará tanto como o emissor, porém mais como receptor de energias que o rodeiam. Nunca se esqueça de que ele tem uma bola de cristal de rocha, ou um cristal bruto maciço, e que essa pedra tem por virtude canalizar as energias. Veja como deve proceder: com seu pêndulo, busque um lugar onde haja um ponto de troca cosmotelúrica. Se você tiver uma antena de Lecher, regule-a na marca 15,6. Assim que encontrar o lugar, coloque a ponta de seu bastão sobre o ponto de troca energética e segure-o com sua mão esquerda. Busque a tranquilidade mental e comece a visualizar a energia penetrando seu bastão a partir da base e se concentrando no interior do cristal. Visualize bem essa energia, tente vê-la da forma mais luminosa possível.

Depois de alguns minutos, você deve visualizar seu cristal irradiando uma intensa luz ao redor. Neste momento, concentre-se em sua questão e deixe sua mente vagar à toa. Você verá muitas imagens, talvez ouça sons ou experimente vivamente uma cena. Não tente reter nada. Deixe-se levar pelo que acontece ao redor, sem procurar manter o controle. Se quiser ver o futuro, pense em uma data ou em um tema preciso durante alguns segundos e deixe as coisas acontecerem.

Quando conseguir obter a sua resposta, volte tranquilamente para seu eixo, retome a respiração natural e agradeça aos deuses por terem atendido a seu pedido.

Pode, então, retomar seu caminho.

Consagração das runas

Quando tiver terminado a fabricação de seu jogo de runas, para conectá-lo e dar a ele todo seu poder, você deverá avançar para a etapa da consagração. É possível encontrar inúmeras formas em obras específicas sobre magia rúnica ou vidência. Nada o impede de escolher uma entre elas. Se preferir continuar na magia telúrica, eis o que lhe proponho.

Como já disse antes, as runas não são especificamente celtas, mas elas têm suficiente aproximação com o mundo celta para nos autorizar associá-las a ele nesta obra. É por isso que eu prefiro manter a alma celta para fazer esta consagração, partindo do princípio não de associar as runas à tradição escandinava e a Odin, mas, sobretudo, de associar a tradição celta a uma ferramenta qualquer (neste caso, as runas), que usaremos em uma prática específica. Então você poderá consagrar da mesma maneira tanto um baralho de tarô, por exemplo, quanto um jogo de I-Ching.

Segue abaixo o material necessário para fazer esta consagração:

- uma vela de cera de abelha;
- um frasco de hidromel;
- resina de pinho (incenso de resina de pinho);
- um copo de água;
- seu jogo de runas;
- seu cordão com nós;
- e os acessórios clássicos, incensário, carvões ardentes, etc.

Você primeiro precisa já ter encontrado sua árvore-mestra, a quem irá se dirigir num início de noite. Se não tiver ainda sua árvore-mestra, escolha uma bétula, um carvalho, uma faia, um teixo ou um freixo.

Você deverá vestir roupas apropriadas, em tecido natural (algodão, linho, cânhamo, seda...), e amarrar em volta da cintura seu cordão com nove nós.

De joelhos, de frente para a árvore, faça com suas próprias mãos um pequeno buraco de tamanho suficiente para depositar nele suas runas. Depois, à sua frente, arrume os objetos do ritual como mostrado no esquema.

Depois de ter acendido a vela e colocado o incenso sobre o carvão em brasa, invoque o espírito da árvore ou sua hamadríade, dizendo:

"Árvore imortal, bênção de Lug, arma de Ogme, eu, X (seu nome de mago), te invoco e te suplico que me ajudes na consagração deste jogo de runas, e que o abençoe com sua sabedoria, para que essas runas indiquem sempre o caminho a seguir na paz do divino druida Dagda."

Depois, impondo suas mãos sobre as runas, como para magnetizá-las, diga:

"Dana, mãe de todos os seres, vós que acolhestes em vosso ventre este jogo de runas, dai-lhe a vida para que cada uma delas encontre os poderes que os antigos deuses lhes tinham atribuído, e que elas se coloquem a meu serviço, em vossa honra e pela justa causa."

Em seguida, você vai retirar uma a uma cada runa, chamando-as pelo nome, passando-as depois, sucessivamente, sobre a chama, em meio à fumaça do incenso, e mergulhando-as rapidamente na água. Fazendo isso, você dirá (exemplo para *Fehu*):

"Pela vontade de Dana, que foi purificada pela terra, vem ao mundo, Fehu, e purifique-se pelo Fogo, pelo Ar e pela Água, para receber a vida e executar o seu trabalho, iluminando o meu caminho."

Depois que a runa tiver sido purificada, você a colocará diretamente no saco que foi reservado para elas.

Repetirá a mesma operação para cada uma das runas.[18]

Então, derramará algumas gotas de hidromel no buraco onde se encontravam as runas, oferecidas em sacrifício à árvore e à terra, dizendo:

"Como agradecimento por sua ajuda, receba algumas gotas de hidromel, bebida sagrada dos druidas."

Em seguida, você tampará o buraco e se levantará. Agradecerá então aos deuses elevando as mãos para o céu e dizendo:

"Ó deuses de meus ancestrais, agradeço a vós por me haverem ajudado na realização desta consagração.

"Agradeço a ti, árvore-mestra (você pode chamar sua árvore pelo nome dela, se já o souber), por teres permitido que minha mensagem chegasse aos ouvidos dos deuses.

"Agradeço a ti, Dana, mãe de todas as criaturas, por me haveres permitido dar nascimento a este jogo de runas. Que ele me guie e me ajude no caminho que tu me destinaste. Awen."

Terminado o ritual, guarde suas ferramentas. Você poderá fazer uma pequena meditação ao pé da árvore, se desejar, e em seguida partirá em silêncio com seu jogo de runas. Uma vez consagradas, as runas não devem mais ser usadas por outra pessoa que não seja você. Respeite-as e diga que elas agora estão vivas e prontas a lhe servir.

A passagem da alma

Este ritual deve ser feito apenas quando você tiver dominado perfeitamente tudo o que abordamos ao longo desta obra. Hesitei bastante tempo antes de de-

---

[18] É inútil procurar tirá-las na ordem clássica do *Futhark*. Pegue-as como vierem, sem buscar uma ordem específica.

cidir publicar esta técnica, mas as últimas decisões que tomei me levaram a pensar que só aqueles que dominarem suas capacidades terão condições de ativar esta porta. Porque é justamente uma porta, um acesso direto ao outro mundo, ao "Sidh" celta, onde vivem as almas após a morte e à espera da reencarnação. Portanto é preciso ser prudente no uso dessa técnica, para não deixar escapar as entidades que não teriam nada o que fazer entre nós.

Porém a técnica da passagem da alma apresenta muitas vantagens:

- entrar em contato com seres desaparecidos;
- fazer partir entidades aprisionadas em nosso mundo;
- entrar em contato com entidades superiores capazes de nos dar respostas e uma ajuda em nosso caminhar;
- honrar os deuses do Sidh.[19]

Vou apresentar aqui esta técnica que você poderá adaptar de dois modos diferentes, uma porta "fixa" e uma porta "móvel". Ou seja, você poderá criar uma passagem da alma temporária para, por exemplo, descarregar entidades que seriam aprisionadas num determinado lugar, ou criar uma passagem permanente (conforme seja ativada ou não), que será localizada em um local que lhe pertença e que você poderá regularmente utilizar para seus rituais ou para celebrar as festas principais da egrégora celta e, principalmente, Samain, quando a passagem da alma será mais importante.

Não haverá muitas diferenças de realização de um ritual para outro, apenas os elementos constitutivos de cada ritual serão um pouco diferentes. Comecemos pelo material necessário para a passagem "temporária":

- seu bastão telúrico;
- seu pêndulo;
- algo para fazer fogo;

---

[19] O "Sidh" é o outro mundo dos celtas, onde vivem os deuses e onde repousam as almas após a morte.

- dois cristais de rocha "maciços" (se possível, pesando 2 quilos cada um);
- hidromel e um pedaço de pão;
- um pedaço de madeira de teixo para fazer uma tocha;
- seu tríscele;
- um saco de areia branca.

a) Preparação

A primeira etapa do ritual vai consistir em escolher precisamente a localização da porta. Na versão "móvel" do ritual, você não terá a possibilidade de escolher o local, pois ela é imposta pelas contingências relativas ao objetivo visado. Porém deverá utilizar seu pêndulo para determinar o local em que desenhará os dois escudos de chamada sobre os quais serão colocados seus cristais. Esses "pontos" particulares deverão ser um emissor e um receptor de energia cosmotelúrica.

Para começar, você balançará seu pêndulo com a convenção mental de que ele reaja no ponto onde a energia telúrica for mais forte, no terreno sobre o qual você se encontra. Assim, percorra o terreno de modo metódico, evitando passar muitas vezes por um mesmo local e ignorando outro. Seja metódico. Tão logo seu pêndulo reaja, coloque um "marcador" no ponto encontrado, que poderá ser, por exemplo, uma estaca de madeira talhada em ponta, que você espetará no local indicado por seu pêndulo. A seguir, estabeleça, por convenção mental, um "ponto de energia cósmica", depois o busque ao redor do marcador definido anteriormente, num raio de 75 cm a 1,50 m de distância. Evite ter uma porta muito grande, em se tratando da versão "móvel", pois, quanto maior ela for, mais energia demandará para ser aberta ou fechada. Uma porta pequena, de 75 centímetros, em geral é suficiente. Suas convenções podem também ser orientadas mentalmente, pedindo o pilar da direita ou o da esquerda. Como for melhor para você.

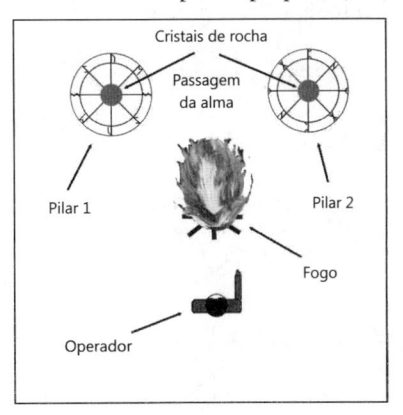

Encontrados os dois pontos, e deixando-os marcados com as "estacas marcadoras", será preciso afastar um pouco as pedras, o mato, etc. e aplainar a superfície num raio de 25 centímetros em torno de cada estaca. Se você for previdente, terá previsto a necessidade de um ancinho, que será bastante útil nesta tarefa. O terreno deverá ser suficientemente limpo para que você possa desenhar nele os escudos, de forma que se possa vê-los.

Você precisará também juntar pedaços de madeira para fazer uma fogueira a 2 metros da porta (ver esquema na página anterior).

Todo o material necessário à passagem da alma deverá estar disponível.

Depois de colocar os elementos pré-ritual, você vestirá sua túnica de mago e, com seu bastão telúrico, riscará no solo um círculo, seguindo o sentido horário. O círculo deverá deixar a porta de fora, como medida de proteção a você e também a outros eventuais participantes do ritual.

Depois, pegando o bastão telúrico com a mão esquerda e erguendo os braços para o céu, você desenvolverá o ritual da maneira descrita a seguir.

Abertura

Bata três vezes o bastão no chão, depois diga:

"Paz no céu, céu sobre a terra. Terra sob o céu, força a todos."

Pedido de força

"Oremos a Sucellos e Nantosuelta, guardiões das moradas dos homens, para que afastem de seus malhetes os poderes das trevas que afligem nestes tempos de Samain os filhos de nossos clãs."

Volte-se, então, para o Oeste:

"Damona, senhora das águas e dos rios, nós te invocamos."

Vire-se para o Sul:

"Belenus e Belisama, casal divino, senhores do relâmpago e do fogo, nós vos invocamos."

Voltado para o Leste:

"Taranis, senhor do ar e das tempestades, nós te invocamos."

Dirigindo-se para o Norte:

"Ó Ana, senhora da Terra, mãe nutridora, onde nasce e termina toda vida, nós te invocamos."

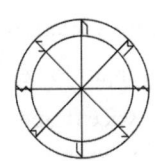

A seguir, com o bastão telúrico, você começará a desenhar sobre o solo, em torno da "estaca marcadora" da esquerda, o primeiro escudo rúnico tal como representado no esquema ao lado, dizendo:[20]

"É pela escrita dos deuses, transmitida aos homens, que brota da terra o primeiro pilar desta porta. Pelas runas sagradas (enquanto as desenha) Uruz, Ehwaz, Sowilo e Eihwaz, que seja ativado o primeiro pilar desta passagem da alma."

Depois, você preencherá seu desenho com a areia branca, para que ele se destaque do solo. A seguir, irá diante da segunda "estaca marcadora" e, desenhando o segundo escudo rúnico apresentado aqui ao lado, dirá:

"É pela escrita dos deuses, transmitida aos homens, que brota do solo o segundo pilar desta porta. Pelas runas sagradas Perthro, Hagalaz, Elhaz e Gebo, que seja ativado o segundo pilar desta passagem da alma."

Da mesma forma que fez em relação ao primeiro pilar, você cobrirá de areia branca o traçado desenhado no chão.

Depois de alguns segundos (ou minutos) de silêncio, vamos continuar desenhando a porta simbolicamente com uma tocha[21] acesa, começando pelo pilar da esquerda, depois no alto, depois descendo pela direita, dizendo:

"Que Dagda e Ogmios me ajudem nesta cerimônia de abertura da passagem da alma e que me ajudem a garantir a passagem, sem que seja perturbada por qualquer entidade maléfica que ouse aí se aventurar."

---

[20] Lembre-se sempre de começar a traçar os raios do escudo rúnico a partir do centro.
[21] Utilize o pedaço de madeira de teixo para isso.

Depois, erguendo os braços em direção ao céu, sempre segurando o bastão telúrico com a mão esquerda, usando a voz mágica ventral, diga:

"Por Lug, que a passagem da alma se abra e deixe entrar a luz!"

Algumas considerações: em um ritual deste tipo, é importante visualizar cada um dos efeitos buscados enquanto ele se realiza. De fato, forçando seu inconsciente a "ver" o que acontece no astral, isso vai permitir que você desperte e abra seu terceiro olho, para ver concretamente "o outro lado". Assim, no momento em que você pronunciar a última frase do ritual, visualize uma grande luz desenhando uma porta entre os seus pilares.

Depois disso, independentemente do objetivo que você dê a seu ritual (invocação de entidades, passagem de entidades "presas" em nosso mundo para o outro lado, questões colocadas aos anciãos etc.), jamais se esqueça de fortalecer seu desejo com a visualização efetiva.

Você conduz esta parte do ritual como quiser. Cabe a você personalizá-la em função de suas necessidades. Se, por exemplo, quiser libertar uma (ou várias) entidade de um lugar, deverá pedir, por exemplo, a Dagda para receber em seu *Sidh* as entidades bloqueadas na terra dos vivos. Da mesma forma, se quiser conversar com um desaparecido, precisará chamá-lo pelo nome, pedindo aos deuses para acordá-lo por alguns minutos para que venha lhe dar uma resposta. Em todos os casos, este ritual deve ser adaptado a suas necessidades, cabe a você "preencher" esta parte. Isso vai lhe permitir, também, conhecer suas próprias aptidões mágicas.

Vamos ver agora como fechar este ritual.

Depois de ter claramente definido o objetivo dele, e após alguns minutos de meditação e de visualização, retome o ritual da seguinte forma:

"Eu vos agradeço, deuses imortais, por vossa ajuda e vosso apoio. Que as almas dos viajantes desgarrados retornem a vosso Sidh. Que a paz reine entre vosso mundo e o nosso, por toda a eternidade."

Depois, retomando a tocha acesa, você traçará de novo, simbolicamente, a porta, mas desta vez no sentido inverso à anterior, dizendo:

"Por Lug, que a passagem da alma se feche neste instante!"

Lançando o pedaço de teixo no fogo, você dirá:

"Que Dagda e Ogmios sejam testemunhas da destruição da chave da passagem!"

Erguendo os braços aos céus, você dirá:

"Que o círculo se abra novamente em torno de nós e deixe a vida fluir sem obstáculos."

Depois disso, você traçará no chão o círculo no sentido inverso à rotação do relógio. Em seguida, baterá três vezes o bastão no chão, dizendo:

"Paz no céu, céu sobre a terra. Terra sob o céu, força a todos."

O ritual está terminado, você pode guardar seu material. Espere apenas o fogo se extinguir por si só, deixando de alimentá-lo.

O ritual da porta permanente terá os mesmos elementos, com a diferença de que os escudos rúnicos terão sido previamente gravados em placas de cimento natural, no centro das quais serão colocadas pedras do tipo rochosas de muitas dezenas de quilos. O ideal, evidentemente, será erigir uma verdadeira porta de pedra. Entretanto é claro que nem todo mundo tem os meios para realizar isso. É também possível, se você fizer um círculo mágico com outros praticantes de sua região, constituir um grupo para construir junto esse tipo de porta no local que ficará sendo o vosso recinto sagrado.

O restante do ritual será idêntico ao da porta móvel. Ao traçar as runas, você as fará com seu bastão telúrico sobre as runas já desenhadas nas placas.

Para a criação da porta, será necessário descrever sua função e seus objetivos na parte "livre" do ritual (aquela que deixei a seu gosto). Poderá também incluir em seu ritual uma "palavra de poder" que lhe permita ativar ou desativar, conforme queira, a porta criada.

Suas cerimônias, tais como as que são apresentadas no Apêndice III, poderão ser realizadas incluindo a porta, principalmente durante a cerimônia de Samain. Poderíamos escrever um livro inteiro de rituais usando a passagem de almas, mas acho que seu desenvolvimento mágico se dá de modo saudável, e, se você estudar seriamente o conteúdo deste livro, bem como o do *Manuel pratique de magie verte* [Manual Prático de Magia Verde], será capaz, com certeza, de criar os rituais que considerar necessários. Por enquanto você ainda tem que trabalhar regularmente, experimentar as técnicas e agir para o bem de todos com o objetivo de, progressivamente, evoluir no caminho da magia.

Porta

Tribann

A antena telúrica

Se você quiser avançar ainda mais na magia telúrica, eu desenvolvi uma técnica relativamente simples e que pode ter muitas funções. É a da antena telúrica, que, na verdade, é um tipo de bastão telúrico fixo e destinado a um objetivo preciso. Essa antena utiliza os oghams para sua programação. Se estiver interessado nessa técnica, entre em contato comigo pelo e-mail (Vincent.Lauvergne@orange.fr), e enviarei gratuitamente o arquivo pdf (em francês) descrevendo toda a fabricação da antena e a maneira de usá-la.

Conclusão

Chegamos agora ao final desta obra. Como você deve ter percebido, a magia assume diferentes formas em função das tradições às quais esteja ligada. Conhecimentos por muito tempo esquecidos podem ressurgir algumas vezes de novas formas, com novas técnicas, mas respeitando sempre uma estrutura idêntica, um fundo comum a todas as culturas. Nada diz que a prática dos antigos não corresponde ao espírito das técnicas aqui propostas. Com certeza, falamos dos mesmos deuses, usando a mesma tradição, porque tudo o que foi dito neste livro foi baseado nas últimas pesquisas arqueológicas e etnológicas feitas a respeito dos celtas e sua cultura. Assim, estou convencido de que, se vivessem ainda entre nós, os druidas da Antiguidade não estranhariam a prática contida nestas páginas.

É assim que você deve vivê-la: tendo a consciência de que se insere em uma tradição secular, sabendo que a prática desta tradição está adaptada à sua época e à evolução decorrente. Nunca tente, portanto, impor sua prática aos outros. Não afirme, nunca, que você sabe a verdade e que os outros a ignoram. A humildade é uma das primeiras qualidades de que um mago deve ser dotado, pois ele sabe que o caminho que trilha é feito por ele e não, obrigatoriamente, por outro. É bem frequente essa falta de humildade, que levou bom número de grupos, escolas ou sociedades mágicas a se autodestruir em lutas vãs pelo poder. Porque há sempre o que melhorar em si mesmo, e as jovens gerações nos permitem ver como somos pequenos diante da imensidão de conhecimentos a adquirir.

Portanto é com toda a humildade que eu lhe confio, amigo leitor, estas poucas páginas, resumindo uma parte dos conhecimentos adquiridos a partir de meus encontros, minhas viagens e minhas leituras. Esta obra não deve ser vista como a essência do que você precisa saber. É apenas um tijolo na construção de seu desenvolvimento. Não pare por aqui, pois muito mais há de vir. Esteja aberto aos ensinamentos da natureza, das árvores, dos pássaros. Continue, sempre, a nutrir seu intelecto, para aprender e compreender os grandes mistérios da vida. Não se esqueça de que o mago é um sábio que conhece como funciona o universo, e é graças a este conhecimento que ele poderá modificar os mecanismos, para instaurar mais alegria e justiça em torno dele.

Resta a mim lhe desejar uma longa e bela rota em seu caminho de evolução e esperar que nossos caminhos se cruzem novamente.

Saint-Jean-de-Liversay, 11 de fevereiro de 2011

Apêndice I:
O povo pequeno

Entre os celtas, o mundo dos deuses estava entrelaçado com o dos homens, e as criaturas divinas esbarravam nos seres humanos. Na verdade, estavam em estreita comunicação com o mundo astral e podiam assim ver e falar com o conjunto do povo pequeno. Muitas lendas chegaram até nós e, muitas vezes, elas vão além do folclore. Embora a cristianização tenha cortado os pontos que nos ligavam ao outro mundo, ele está sempre presente e precisa apenas da manifestação de nosso interesse para se apresentar novamente entre nós. Todos os ocultistas, da Idade Média ao século das Luzes, o tinham compreendido e por isso as chaves que permitem contatar essas entidades, que nós chamamos hoje em dia de "elementais", chegaram até nós.

Eis aqui, agora, as principais características. Saiba primeiro que, para os gregos, aquilo que chamamos "elementais" pertence à grande família de ninfas e tem nomes diferentes conforme sua natureza.

A tradição esotérica, via Paracelso, nomeia também essas criaturas como "Saganes". Elas se diferenciam do homem por não possuírem alma imortal. São a garantia do bom funcionamento dos elementos da natureza. Mestres dos ventos, das águas, da terra e do fogo, seu caráter e seu modo de vida dependem da característica do referido elemento. Acreditá-las sendo de carne e sangue seria um exagero da imaginação, porque elas não pertencem a nosso plano físico, mas se transformam no plano astral correspondente a sua natureza. Porém acontece de assumirem uma forma física em nosso plano para se comunicar com o ser humano ou mesmo para obedecer a uma injunção de um mago que precise de seus serviços de uma forma particular. Alguns autores antigos chegam mesmo a afirmar que elas se acasalam, às vezes, com os humanos. As crianças nascidas dessa união seriam humanas, mas teriam uma característica marcante ligada à natureza do elemento de seu ascendente elemental. Assim, uma criança ligada ao elemento Fogo seria colérica, a ligada ao elemento Água seria mais sensível etc. O perigo, em tudo isso, para o mago seria ser submetido a sentimentos românticos por um elemental...

Dissemos, antes, que o elemental mora, geralmente, no plano astral. Assim, poderíamos dizer que o astral é como o "negativo fotográfico" do plano físico ou material. E, a exemplo de uma boneca russa, é composto de uma multiplicidade de "subplanos" que se misturam uns aos outros, cada um deles representando uma "força" ou uma "energia" particular. Cada um desses subplanos é habitado por uma infinita variedade de seres em harmonia com a energia desses planos.[22] O mago, com o conhecimento desses planos, poderá, com sua prática, abrir as portas entre eles e o plano físico, para se comunicar com os habitantes desses "mundos", com o objetivo de fazê-los agir conforme suas necessidades. Explico melhor: as sílfides, habitantes do ar, são mestras, entre outras coisas, do vento e das tempestades que se abatem sobre o plano físico. Dominando uma sílfide, o mago poderá então parar ou provocar uma tempestade, conforme for necessário. Novamente, a imagem é grosseira, mas bem adequada no momento, pois é exata e não depende, afinal, senão do treinamento pessoal do mago.

É interessante considerar os perigos da invocação dos elementais. Na verdade, ao contrário do ser humano, que possui consciência do bem e do mal (de fato, uma moral que depende essencialmente de sua educação), a maior parte dos habitantes dos planos mais elevados não tem essa consciência maniqueísta e age, em geral e fundamentalmente, segundo seus desejos. Portanto, nada sendo bom ou mau, eles podem muito bem servir a um mago num momento e destruí-lo em outro. Podemos defini-los como seres lunáticos, dos quais é preciso desconfiar. É, portanto, importante para o mago não estabelecer relações amigáveis com eles e sempre lhes deixar claro que é ELE, o mago, que comanda, e que ELES, os elementais, obedecem.

---

[22] De modo pensado, simplifiquei a complexidade do mundo astral e convido você a aprender por seus próprios meios com os livros que encontrará na Bibliografia.

As salamandras, habitantes do fogo

É bom esclarecer, primeiro, que o nome que os antigos deram aos elementais não depende, de nenhuma forma, de sua natureza. Os antigos nomearam os elementais segundo o que os fazia pensar no elemento considerado.

O exemplo das salamandras será perfeito para ilustrar isso. Uma salamandra é um réptil da família do lagarto, que é preto com manchas amarelas sobre o corpo. O lagarto vive à noite e dorme de dia, o que o torna relativamente raro. As salamandras têm o hábito de, durante o dia, dormir em ambientes úmidos e protegidos, como velhos pedaços de madeira ocos e úmidos. Os antigos, que se aqueciam junto ao fogo, recolhiam madeira durante o dia sem perceber que alguns troncos abrigavam esses curiosos locatários. E, quando a noite se aproximava e eles lançavam os pedaços de madeira no fogo, qual não devia ser sua surpresa ao ver surgir do meio das chamas esses estranhos lagartos pretos e amarelos! Foi assim que os habitantes do fogo ganharam o nome de salamandras. Da mesma forma, embora mais raramente, chamamos os elementais do fogo de "vulcâneos", sem dúvida por causa do deus grego de mesmo nome... Outros nomes mais antigos lhes são associados; os que mencionei aqui são os que a tradição ocidental preservou.

As salamandras reinam, portanto, no Fogo. Vivem no seio dos vulcões e nas chamas dos fogos. Elas se nutrem do que as consome e bebem do ar que as atiça. Podem ser machos ou fêmeas e se mostram a nós em uma forma franzina e com um aspecto gracioso. Esses elementais falam pouco, dão pouca assistência ao homem e preferem as "mulheres mais velhas e as feiticeiras".

Em sua prática, o mago terá todo interesse em dominar, nele, o elemento Fogo. Para isso, deverá se impor uma série de exercícios relacionados a esse elemento, como, por exemplo, superar seu medo do fogo, passar sua mão pelas chamas, tentar andar sobre brasas... Mas o lado "físico" do fogo não é apenas o único a ser dominado.

É essencial dominar sua contrapartida psíquica, a cólera, pois nada provoca mais a ira das salamandras do que ela. O mago desejoso de governar os vulcâneos deverá, portanto, aprender a dominar e controlar suas paixões e sua cólera, para não irritar as salamandras...

Para dominar os elementais do Fogo é preciso aprender todas as analogias correspondentes. Essas analogias são as "chaves" que lhe abrirão as portas do reino do Fogo.

Elemento: Fogo.
Parte do mundo que elas governam: Sul (Midi).
Soberano: Djîn.
Locais: ao sol ou perto de um fogo aceso.
Planetas: Sol, Júpiter.
Signos zodiacais: Áries, Leão, Sagitário.
Fumigação favorável: açafrão.
Fumigações desfavoráveis: papoula, enxofre.
Metais: ferro, cobre.
Pedras preciosas: jaspe, esmeralda, rubi.
Vegetais: pinho, lírio, azeitona.
Animais: faisão, perdiz, pomba.
Cor: vermelho.
Estação: verão.

Estas analogias são utilizadas da seguinte forma: para invocar um elemento, o mago deverá proceder a seu ritual voltado para o Sul (meio-dia). O soberano das salamandras, aquele que evocaremos no primeiro apelo de força, será "Djîn". O temperamento correspondente às salamandras é "sanguíneo", o que significa que, se o mago tem um caráter desse tipo, deverá, mais que os outros, aprender a controlar suas emoções se quiser comandar as salamandras.

O hieróglifo que se afixará sobre um talismã qualquer, realizado sob a égide dos elementais do fogo, será uma cabeça de leão. E o instrumento mágico por excelência que permitirá ao mago dominá-los é a varinha mágica. O local ideal para o ritual será, portanto, a pleno sol, ou perto de um fogo, e os planetas astrológicos a considerar no momento do ritual são o Sol e Júpiter, e os signos de Áries, Leão e Sagitário. Como perfume, o mago vai queimar açafrão para atraí-los e papoula ou enxofre para fazê-los partir.

Se os talismãs forem feitos de acordo com os elementos, deverão ter ferro ou cobre. No ritual, também poderão ser utilizados vegetais (pinho, lírio, azeitona) para condensar as energias do elemento Fogo, e, se você se ligar aos signos, os elementais do fogo poderão, talvez, assumir a forma de faisão, perdiz ou pomba...

Enfim, devemos considerar agora a fórmula invocatória que nos foi legada por Éliphas Lévi em seu *Dogme et rituel de la haute magie**, que é:

"Imortal, Eterno, Inefável e Incriado, Pai de todas as coisas, que és conduzido no carro que roda sem cessar nos mundos que giram sempre; dominador das imensidões etéricas onde está assentado o trono do teu poder, do alto do qual teus olhos temíveis tudo veem, ouve teus filhos, aos quais amas desde o início dos tempos; porque a tua dourada, grande e eterna majestade resplandece acima do mundo e das estrelas; ó fogo reluzente, estás acima: lá iluminas e te manténs por teu próprio esplendor, e brotam da tua essência regatos inesgotáveis de luz que nutrem teu espírito infinito.

"Este espírito infinito alimenta todas as coisas e faz este tesouro inesgotável de substância, sempre pronto para a geração que elabora e que se apropria das formas com que tu a impregnaste desde o princípio. Ó Pai universal, único pai dos felizes mortais e imortais, deste espírito também se originam estes reis muito santos que estão ao redor do teu trono e que compõem a tua corte.

"Criaste, em particular, poderes que são maravilhosamente semelhantes a teu eterno pensamento e a tua essência adorável; tu os fizeste superiores aos anjos que anunciam ao mundo tuas vontades; enfim, tu nos criaste na terceira ordem em nosso império elementar.

"Aqui, nosso contínuo exercício é te louvar e respeitar teus desejos; aqui ardemos sem cessar, ansiando te possuir. Ó pai! Ó mãe! A mais terna das mães! Arquétipo admirável da maternidade e do puro amor! Ó filho, a flor dos filhos! Ó forma de todas as formas, alma, espírito, harmonia e soma de todas as coisas. Amém."

O olho atento do estudioso perceberá rapidamente que aquele que enuncia esta oração não é o mago, mas a salamandra! Não estamos, portanto, diante de

---

* *Dogma e Ritual da Alta Magia*, publicado pela Editora Pensamento, São Paulo, 1971. . Obs.: O leitor observará leves diferenças na tradução das orações apresentadas neste volume com relação às publicadas em *Dogma e Ritual...*, por questões de estilo de cada tradutor. (N. do E.)

um texto evocativo, mas da prece tradicional que os elementais do fogo dirigem a Deus, o que, em nosso ritual, deverá obviamente ser "adaptado". O iniciado usará, portanto, a prece como base e a adaptará a uma forma evocatória para sua prática.

As sílfides, habitantes do ar

As sílfides são os elementais que mais se assemelham ao homem, pois, como ele, elas não se locomovem no ar. Diz-se, delas, serem de aparência orgulhosa, mas dóceis, grandes amantes das ciências, sutis, serviçais dos sábios, inimigas dos tolos e dos ignorantes.

Elas têm muitos pontos em comum com os homens, como já mencionei antes. Bebem e comem como nós, têm filhos que se assemelham aos nossos, embora sejam mais ágeis e tenham um corpo bem transparente. São maiores e mais fortes que os homens, mas são essencialmente pacíficas. Conhecem o futuro e o presente. Amam a companhia das crianças, às quais se mostram facilmente. A companhia dos adultos não as desagrada, desde que sejam puros e honestos e não tenham nada a se reprovar. A tradição celta as chama de "elfos", termo que a fantasia heroica retomou atualmente.

O mago que tiver uma mente leve e inconstante não dominará as sílfides. Para comandá-las, ele deverá ter uma vontade forte e tenaz e será necessário vencer o elemento Ar, resistindo à vertigem e aos ventos. Atualmente, um bom exercício, por exemplo, é o salto com elástico (*bungee jumping*). Lançar-se do alto de uma ponte ou outro patamar, voluntariamente, mostra um forte domínio do elemento Ar...

As sílfides dominam os furacões e as tempestades, os ventos dos quatro pontos cardeais, mas também os gazes e o que for tão leve quanto o ar.

Eis aqui o detalhamento das principais analogias correspondentes às sílfides.

Elemento: Ar.
Parte do mundo: Oriente.
Soberano: Paralda.
Locais: grandes alturas (montanhas, colinas, alto de torres, terraços...)

Planetas: Mercúrio, Vênus.
Signos zodiacais: Gêmeos, Balança, Aquário.
Fumigações favoráveis: almíscar, babosa.
Fumigação desfavorável: benjoim, heléboro.
Metais: ouro, prata, bronze.
Pedras preciosas: berilo, pérola.
Vegetais: alecrim, heliotrópio.
Animais: cisne, galo.
Cor: amarelo.
Estação: primavera.

Não vou repetir o que já escrevi sobre o uso de analogias, no parágrafo sobre as salamandras; será suficiente, para as sílfides, fazer as correções necessárias em função das analogias expressas aqui.

Enfim, como para as salamandras, segue-se a invocação tradicional das sílfides a Deus, deixada por Éliphas Lévi.

Oração das sílfides

"Espírito de luz, espírito de sabedoria, cujo sopro dá e assume a forma de qualquer coisa; tu, para quem a vida dos seres é sombra que muda e névoa que se dissipa; tu, que sobes às nuvens e caminhas sobre o sopro dos ventos; tu, que respiras e ocupas os espaços infinitos; tu, que aspiras e tudo o que vem de ti retorna a ti, movimento sem fim, na quietude eterna, sejas abençoada eternamente.

"Nós te louvamos e te bendizemos no império mutante da luz criada das sombras, dos reflexos e das imagens, e aspiramos incessantemente a teu imutável e imperecível esplendor.

"Deixa penetrar até nós a centelha de tua inteligência e o calor do teu amor: então, o que é móvel se deterá, a sombra ganhará um corpo, o espírito do ar será uma alma, o sonho será um pensamento.

"E não seremos mais arrastados pela tempestade, mas seguraremos as rédeas dos cavalos alados da manhã e seguiremos o curso dos ventos do anoitecer, para voarmos diante de ti.

"Ó espírito dos espíritos, ó alma eterna de todas as almas, sopro imortal da vida, suspiro criador, boca que aspira e expira a existência de todos os seres no fluxo e refluxo de tua eterna palavra, que é o oceano divino do movimento e da verdade. Amém."

As ondinas, habitantes da água

As ondinas são os habitantes da água. Muitas vezes chamadas de ninfas, são criaturas pacíficas e joviais, cujas fêmeas se interessam muito pelos humanos. Elas frequentemente os seduzem, à beira de córregos e rios, com o objetivo de levá-los para viver com elas no fundo da água. A tradição celta costumava chamá-las de "fadas", embora eu pense que as fadas, talvez descendentes das ondinas, sejam de outra natureza, metade humana, metade elemental.

As ondinas são de enorme beleza, superando a das mulheres de nossa espécie. Elas têm uma intuição aprimorada e governam as torrentes e a chuva.

O mago que quiser domar as ondinas não poderá ser de natureza fraca, fria e mutável. Deverá, ao contrário, ter o domínio do elemento Água, para não temê-lo. Saber nadar é, obviamente, uma condição mínima para aquele que quiser comandar as ninfas.

Eis a seguir as diferentes analogias que lhes são correspondentes.

Parte do mundo: Ocidente.
Soberano: Nicksa.
Locais: perto de lagos, rios, lagoas. Nas praias.
Planetas: Lua, Saturno.
Signos zodiacais: Câncer, Escorpião, Peixes.
Fumigações favoráveis: papoula, enxofre.
Fumigação desfavorável: açafrão.
Metal: mercúrio.
Pedra preciosa: calcedônia.
Vegetais: avelã, zimbro.

Animais: abelhas, cegonha.
Cor: azul.
Metal: prata.
Momento: crepúsculo.
Estação: outono.

Como para os outros elementais, eis a oração de Éliphas Lévi:

Oração das ondinas

"Rei terrível do mar, vós que tendes as chaves das cataratas do céu e que encerrais as águas subterrâneas nas cavernas da terra; rei do dilúvio e das chuvas da primavera, vós que abris as nascentes dos rios e das fontes, vós que ordenais à umidade, que é como o sangue da terra, tornar-se seiva das plantas, nós vos adoramos e invocamos.

"Falai-nos, a nós, vossas móveis e mutantes criaturas, nas grandes comoções do mar, e tremeremos diante de vós; falai-nos, também, no murmúrio das águas límpidas, e ansiaremos por vosso amor.

"Ó imensidão na qual vão se perder todos os rios do Ser, que sempre renascem em vós! Ó oceano das perfeições infinitas!

"Altura que velais na profundidade, profundidade que exalais na altura, conduzi-nos à verdadeira vida pela inteligência e pelo amor!

"Conduzi-nos à imortalidade e pelo sacrifício, para que sejamos considerados dignos de vos oferecer um dia a água, o sangue e as lágrimas, pela remissão de nossas faltas. Amém."

Os gnomos, habitantes da terra

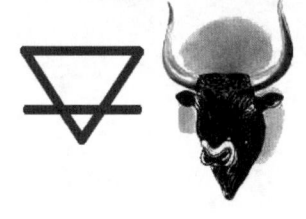

Habitantes da terra, das cavernas e dos subsolos, os gnomos são pequenos seres rechonchudos, mas constituídos de uma matéria mais sutil que o corpo humano. São guardiões das minas e dos tesouros. Trabalhadores e pacientes, atravessam sem dificuldades as rochas mais densas e veem o sol através da terra e dos rochedos. São também chamados de "pigmeus", embora não tenham nada a ver com as tribos africanas do mesmo nome, que são seres humanos como você e eu. Na verdade, qual não deve ter sido a surpresa quando os primeiros exploradores encontraram esses seres de pele negra na África! Não surpreende, portanto, que os tenham tomado pelos gnomos da Tradição e tenham em seguida chamado os gnomos de pigmeus. Eles são os goblins das tradições celtas, travessos e alegres, que cumulavam com riquezas ou malefícios quem se aproximasse.

A Tradição nos mostra que os fogos fátuos que se pode ver, às vezes, sobre alguns prados são, em geral, gnomos que assumiram esta aparência.

Os gnomos são servidores fiéis, contanto que o mago satisfaça aos seus desejos. Eles dão àqueles a quem servem a metade de seus tesouros, se cumprirem com o prometido. Mas não gostam da avareza, e quando dão seus tesouros é para que o mago os dissemine e faça circular essas riquezas.

Como disse anteriormente, os gnomos detestam a avareza, a impaciência e a ganância. Quem não houver dominado esses defeitos em si jamais governará os gnomos. Uma prova a superar, também, será subir uma montanha íngreme durante uma tempestade, por exemplo, para provar que se é mais forte que o elemento Terra...

Eis as diferentes analogias a considerar.

Parte do mundo: Norte.
Soberano: Gob (ou Ghob).
Locais: grutas, minas, cavernas, subterrâneos.
Planetas: Saturno, Marte.
Signos zodiacais: Touro, Virgem, Capricórnio.
Fumigações favoráveis: benjoeiro, heléboro.
Fumigações desfavoráveis: almíscar, babosa.
Metais: chumbo, ferro, ouro, etc.
Pedras preciosas: ônix, azeviche.
Vegetais: carvalho, heléboro.
Animais: morcego, gato, sapo.

Cores: verde, branco, preto, marrom.
Momento: meia-noite.
Estação: inverno.

Enfim, eis a oração de Éliphas Lévi:

Oração dos gnomos

"Rei invisível, que tomastes a terra como apoio e cavastes os vossos abismos para enchê-los com a vossa onipotência; Vós, cujo nome faz tremer as abóbadas do mundo, vós que fazeis correr os sete metais nas veias das pedras, monarca das sete luzes, remunerador dos operários subterrâneos, levai-nos ao ar desejável e ao reino da claridade.

"Velamos e trabalhamos sem descanso, procuramos e esperamos pelas doze pedras da cidade santa, pelos talismãs que estão escondidos, pelo cravo imantado que atravessa o centro do mundo.

"Senhor, Senhor, Senhor, tende piedade dos que sofrem, expandi nossos peitos, desembaraçai e elevai nossas mentes, engrandecei-nos. Ó estabilidade e movimento, ó dia envolto na noite, ó obscuridade coberta de luz! Ó senhor, que nunca reténs convosco o salário dos vossos trabalhadores!

"Ó brancura argêntea, ó esplendor dourado! Ó coroa de diamantes vivos e melodiosos!

Vós que levais o céu no vosso dedo, como um anel de safira, vós que escondeis embaixo da terra, no reino das pedrarias, a semente maravilhosa das estrelas, vivai, reinai e sejais eterno distribuidor das riquezas de que nos fizestes guardiões. Amém."

Evidentemente, essas orações são associadas à tradição judeu-cristã. Mas nada o impede de criar suas próprias orações sob influências pagãs.

Os elementais compreendem a linguagem do coração, não sendo as palavras, como vimos, os veículos de seu pensamento.

As dríades e as hamadríades

Embora as dríades e as hamadríades não sejam elementais propriamente ditos (não pertencem a nenhum dos quatro elementos fundamentais), no quadro da magia telúrica seria desconsideração não lhes dar o lugar de direito. Elas estão sempre presentes em torno de nós, e o mago telúrico compreenderá rapidamente a vantagem que poderá tirar de seu conhecimento e, portanto, de sua amizade. Diz-se serem filhas de Ártemis, deusa da caça, dos animais e da natureza.

As dríades são espíritos ligados aos vegetais. Era a elas que se invocava nos antigos ritos de colheita de plantas, pois é a elas que se pede permissão de cortar, colher ou rasgar todos os tipos de vegetais dos quais se possa necessitar em nossa prática... As oferendas feitas durante o rito de colheita[23] são destinadas a elas, e podemos verificar sua aprovação quando essas oferendas são aceitas. As dríades são, apesar de tudo, independentes dos vegetais, ao contrário das hamadríades. De fato, cada ninfa da floresta nasce dríade, mas sua escolha de viver em uma árvore em particular ou não faz dela uma hamadríade ou a faz permanecer dríade.

Portanto a hamadríade é ligada a uma árvore específica, nascendo e morrendo com ela. É encarregada de protegê-la e pode punir você caso tente cortá-la ou danificá-la. Ela é tão ligada à sua árvore que parece fazer parte do corpo dela, e não se destaca senão em algumas noites, para dançar sob seus ramos com as outras ninfas dos bosques... As árvores que abrigam as hamadríades são frequentemente chamadas de "árvores-mestras". São grandes árvores majestosas, geralmente carvalhos, mas também de outras espécies, como freixo ou faias, principalmente. São reconhecidas por sua estrutura maciça, a tal ponto que um grande perímetro se estabelece em torno delas, onde nenhuma outra árvore ousa se aventurar, e a energia que elas exalam em torno delas é considerável. Quanto mais velha for a árvore, maior o poder da hamadríade. Elas devem ser vistas com respeito, como se faria com espíritos superiores.

---

[23] Ver meu *Manuel de magie pratique* [Manual de Magia Prática], Éditions Ambre.

Essas árvores tinham um lugar especial nas tradições celtas, e ainda hoje, especialmente em magia verde e magia telúrica, devem ser consideradas como aliadas preciosas.

Evidentemente, o mago aprendiz de hoje em dia, que mora em grandes metrópoles, não terá acesso fácil a essas árvores-mestras, nem às dríades ou às hamadríades. Não hesite, portanto, em regularmente fazer passeios a florestas. Espaireça, deixe-se levar e aspirar pela natureza, e talvez um dia, quando os espíritos da floresta o tiverem aceitado, seus passos o conduzam ao pé de uma árvore-mestra, senhora da floresta, e sua iniciação prática na magia telúrica poderá então começar a se refinar, sob os ramos protetores dessa alma secular.

Apêndice II: padrões de traçado dos escudos rúnicos

Escudo de 3

Proteção, purificação, karma, ruptura dos elos, etc.

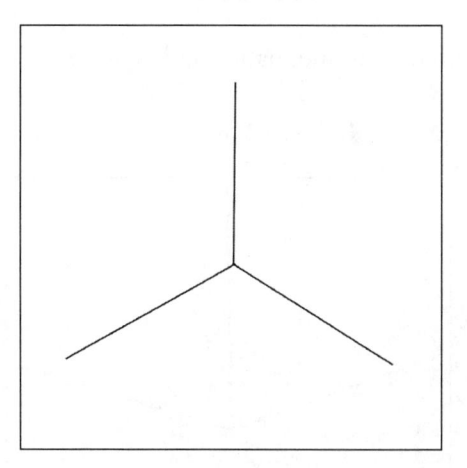

Escudo de 4

Domínio profissional em geral, ligado também à posição social

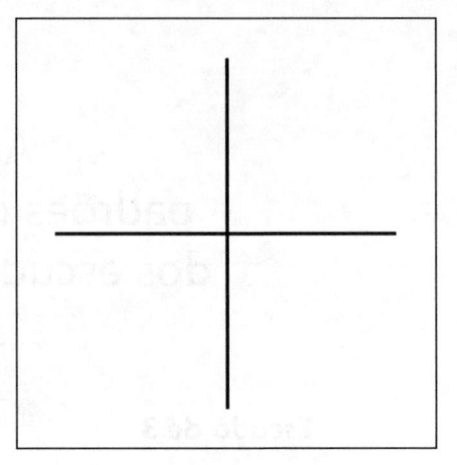

Escudo de 5

Domínio da ação, do dinamismo, da força, da coragem, da proteção contra as adversidades, etc.

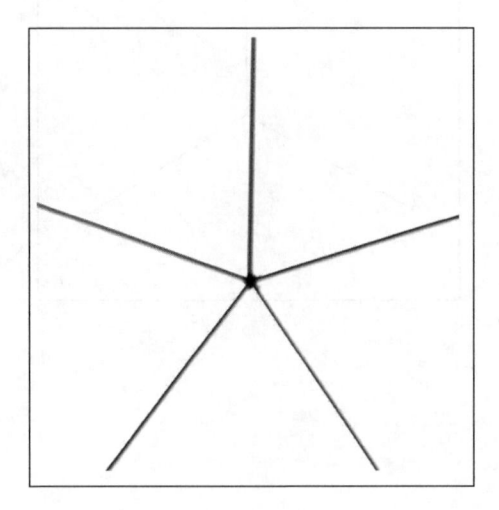

Escudo de 6

Domínio das artes, da estética, do modo como se é visto pelos outros

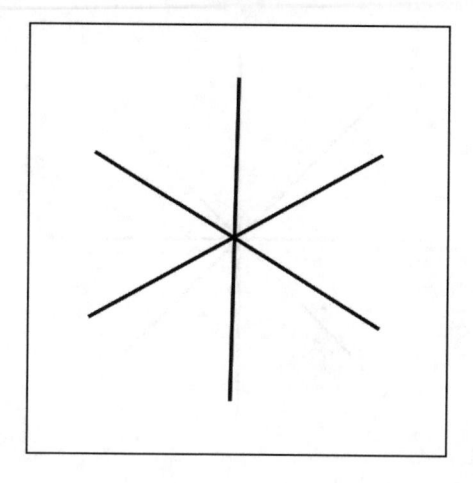

Escudo de 7

Domínio da cura e do amor, dos contratos e das associações

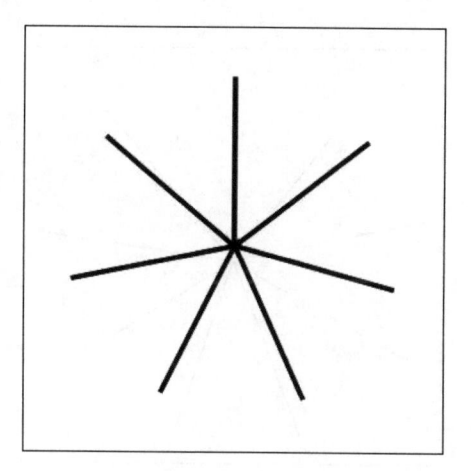

Escudo de 8

Estudos, reflexão, ocultismo, comunicação, etc.

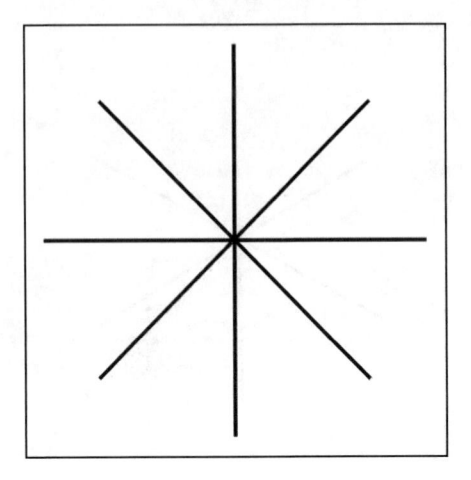

Escudo de 9

Criação, fertilidade, intuição, meditação, etc.

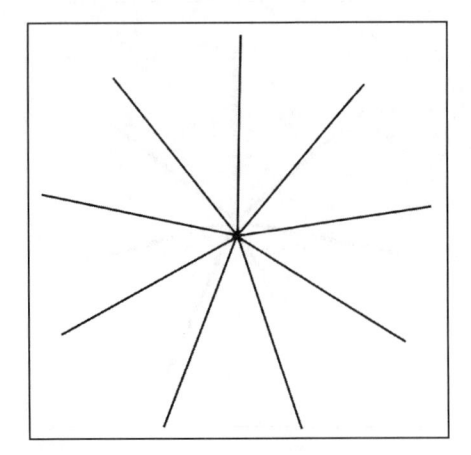

Para obter mais informações referentes às possíveis ações associadas aos números, ver minha obra *Dictionnaire des analogies ésotériques* [Dicionário das Analogias Esotéricas], nos capítulos concernentes aos planetas, sabendo que:

        3 = Saturno,
        4 = Júpiter,
        5 = Marte,
        6 = Sol,
        7 = Vênus,
        8 = Mercúrio,
        9 = Lua.

Apêndice III: as festas celtas

Se ligar a uma tradição tão antiga quanto o celtismo para sua prática mágica é ao mesmo tempo algo particularmente árduo, mas cada vez mais desejado pelos novos magos modernos.

Infelizmente, graças à tradição oral que era respeitada no início, não nos restam verdadeiramente senão registros dos últimos bardos e dos primeiros cristãos celtas para nos dar uma ideia do que era essa tradição. É por isso que hoje em dia se assiste, e isso depois de uma centena de anos, ao aparecimento de uma corrente dita "neodruídica", que reúne os elementos esparsos da autêntica tradição com os elementos modernos ou emprestados de diversas tradições esotéricas, ou mesmo de tradições xamânicas. Embora por muito tempo eu tenha sido refratário a tudo o que é moderno, hoje devo reconhecer que, mesmo sem seguir à risca o que nos resta da tradição celta autêntica, alguns movimentos, como o OBOD,* têm o mérito de permitir uma verdadeira reflexão espiritual e de propor um verdadeiro caminho iniciático. Meus agradecimentos a eles.

Em todo caso, e com os conhecimentos etnológicos atuais sobre a tradição celta, está claro que os druidas não eram xamãs e que sua tradição tem mais pontos em comum com os filósofos gregos da Antiguidade do que com os xamãs ameríndios ou outros. Seus conhecimentos astronômicos reconhecidos por todo antigo Ocidente os colocam mais como sábios eruditos que como xamãs.

---

* Ordem dos Bardos, Ovates e Druidas. (N.T.)

E é por esses conhecimentos que eles criaram festas em "momentos-chave" de seu calendário.

Mas o que é interessante é que sua divisão anual, apesar do que nos querem fazer crer, nunca incluiu nem os solstícios nem os equinócios (a não ser que suas festas correspondessem, há 4 mil anos, aos solstícios e equinócios, como parecem confirmar alguns cálculos informatizados). Havia, portanto, no tempo dos druidas, somente quatro festas anuais (e uma acontecia apenas a cada cinco anos), que são as festas de Samain, Imbolc, Beltane e Lugnasad. Essas quatro festas eram consideradas como sumamente importantes para a tradição celta, a tal ponto que o fato de não respeitá-las poderia resultar em morte.

É por isso que, neste Apêndice, eu vou propor quatro rituais inspirados na tradição autêntica, para permitir a você celebrar essas festas e alimentar a egrégora de origem na qual você vier a traçar sua prática. Não abordarei aqui, portanto, os equinócios e os solstícios, que são estudados em outras tradições ao longo das formações em magia que eu ofereço a cada ano em La Rochelle.[24] É importante esclarecer que a celebração de festas "druídicas" nos solstícios e nos equinócios é algo bem moderno, ligado às correntes "neodruídicas", pois não há nenhum texto antigo que faça qualquer alusão a essas celebrações entre os celtas. Sua divisão do ano tinha apenas quatro festas, as que já citei aqui. Evidentemente, todo mago sabe que isso não diminui em nada o fato de os equinócios e os solstícios serem dias com forte potencial energético para um ritual e que outras tradições os usam bastante e com muito sucesso.

Entretanto, para além dessas considerações históricas, estudemos agora nossas quatro cerimônias. Antes de tudo, é importante compreender bem a diferença entre a festa "simbólica" e a festa "mágica". Na verdade, os druidas eram estudiosos da astronomia e as datas das celebrações não eram estabelecidas em função de algum dia preciso, mas da posição da lua em um signo zodiacal. Por isso, essas celebrações não eram realizadas sempre numa mesma data todos os anos. Depois, graças à ocultação dos conhecimentos druídicos por diversas potências sucessivas, esses conhecimentos se perderam e restou apenas a lembrança das últimas datas em que se festejaram essas cerimônias. No nascimento

---

[24] Ver o site do autor: http://www.paracelse-remedies.com.

do druidismo, foram "fixadas", portanto, as festas celtas com datas comumente aceitas. Encontraremos o mesmo problema quando se trata da astrologia moderna dita "tropical", que, por desconhecimento, fixa o zodíaco demarcando como 0° de Áries o dia 21 de março, embora pelo fenômeno astronômico da precisão dos equinócios nós o desloquemos para o dia 23.[25] Portanto as energias que se quiser utilizar neste momento específico estarão também distorcidas.

De imediato, uma questão se apresenta a nós: em qual momento realizar as celebrações? Minha resposta considera dois pontos: se você desejar aderir a um movimento moderno (neodruídico), respeite, então, as datas do calendário; se você quiser usar uma egrégora mágica autêntica, neste caso, observe o deslocamento da Lua. No texto a seguir, referente a cada festa, eu lhe dou a data do calendário assim como a posição da Lua a respeitar. A escolha caberá a você.

I/ Samain (1º de novembro)[26]

É a festa celta mais importante. O momento em que o mundo dos mortos penetra no mundo dos vivos. O momento em que tudo é possível. Tem início no último quarto da Lua, quando o Sol está no signo de Escorpião. Para os celtas, o ano-novo começava neste momento. A título indicativo, você encontrará no final deste capítulo um pequeno quadro com as datas das quatro festas celtas para os próximos anos, respeitando, como na Antiguidade, a posição da Lua em seu signo sideral (2014 a 2020).

Samain marca, também, o início do ano celta, a entrada no período "sombrio". É o momento em que se vai celebrar aqueles que morreram no ano anterior e os ancestrais que nos faltam. Por isso, durante o ritual, poderá ser dita uma prece em sua homenagem.

O principal deus associado a essa festa é Dis-ater, que encontramos também com o nome de Dagda, Sucellos ou Dagodeuos, em função das virtudes atribuídas a ele e do local onde ele é venerado. Ele é o deus dos infernos, mas não na forma judeu-cristã, pois os celtas acreditavam na reencarnação. Ele é, portanto, o deus que permite à alma voltar em um novo corpo, trabalhar a transformação

---

[25] Ver minha obra sobre a astrologia mágica.
[26] Entre parênteses é dada a data simbólica atualmente usada para celebrar as festas. Porém, com certeza, do ponto de vista mágico, a data astrológica será mais eficaz.

da alma para o divino, pela experiência do humano. É, portanto, a ele que pertence a festa de Samain e é em sua honra que as festividades são organizadas.

Festa do reencontro com o outro mundo, Samain é também a parceria e a troca com os mortos. O festim é repartido, e uma parte é oferecida aos ancestrais falecidos e aos deuses.

No tempo dos celtas, a celebração de Samain durava três dias, durante os quais ninguém trabalhava, não havia festas ou comemorações. Em nossa época, sem dúvida, é difícil tirar três dias de folga para celebrar Samain.

Porém, uma vez celebrado o ritual, guarde na mente, durante os três dias seguintes, este momento importante de comunicação com o outro mundo. Talvez em seu sonho os ancestrais ou os deuses venham lhe falar. Associaremos a nosso ritual o elemento Ar.

Comecemos agora a preparação do ritual. O ideal é poder realizá-lo ao ar livre, em meio a uma clareira ou num bosque. Você poderá, também, incluir nele a passagem da alma, sendo esta cerimônia perfeitamente complementar à outra. Considerando que estamos aqui mais numa cerimônia de culto do que em um ritual de magia com objetivo preciso, você poderá convidar amigos, familiares etc., que partilhem suas convicções ou suas crenças, para desfrutar com você das energias que fluirão desse ritual e compartilhar depois uma refeição festiva.

Se você não tiver possibilidade de realizar esta cerimônia ao ar livre, substitua o fogo por uma grande vela branca do tipo "vela de altar" e providencie menos comida.

Você vai precisar de:
- frutas e legumes da estação e carne de porco;[27]
- uma calça e uma túnica de algodão ou linho branco;
- seu bastão telúrico;
- algo para queimar e madeira para alimentar o fogo;
- incenso de resina de pinho, assim como um incensório e carvão.

---

[27] "Carne, cerveja, nozes, salsichão, isso é o que é devido a Samain, fogueira de acampamento sobre a colina, creme de leite, pão e manteiga fresca" (*Hibernica Minora*). A carne de porco é importante nas oferendas rituais, visto que é o animal que era sacrificado. Você poderá, portanto, reservar um pouco de carne de porco, algumas nozes, um pedaço de pão e leite. Não há necessidade de muita coisa. Um simples prato onde caibam todos esses alimentos estará perfeito.

Assegure-se de que não será perturbado durante o ritual. Depois de cavar um buraco de 30 a 40 centímetros de profundidade no local indicado pelo esquema, você acenderá o fogo e o incenso. Depois que tudo estiver pronto, poderá começar.

Abertura

"Que eu sinta a cada instante minhas raízes.
Que eu descubra a cada instante todos os elementos reunidos em mim.
Que eu penetre assim o Ser de meu Ser.
Que eu me concilie, assim, com o Ser do Céu.
Que eu volte, assim, a ser o que sou."

Pedido de força

"Oremos a Sucellos e Nantosuelta, guardiões das moradas dos homens, que afastem com seus malhetes os poderes das trevas que afligem nestes tempos de Samain os filhos de nosso clã.

"Que, pela nossa fé e nossa devoção, o elo que nos une aos reinos dos deuses seja fortalecido. Que as portas do Sidh se abram para que possamos novamente repartir o alimento com nossos primogênitos e nossos irmãos desaparecidos, que se juntaram aos deuses e aos habitantes de Avalon."

Depois, pegando o prato de provisões, coloque metade no fundo do buraco, dizendo:

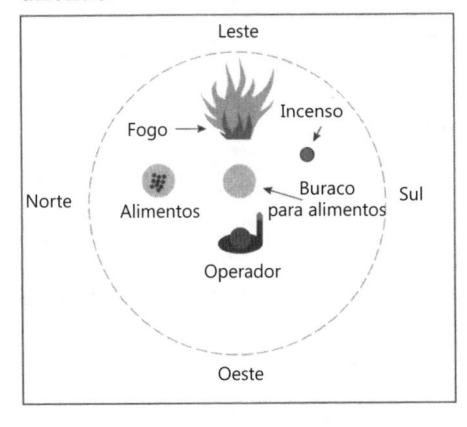

"Ó Ana, senhora da terra, mãe nutridora, onde nasce e termina toda vida. Recebe em sacrifício estas oferendas, para que a paz reine entre nós."

O restante dos mantimentos será jogado no fogo; então você deverá dizer:

"A vós, irmãos e irmãs, que trabalharam para que nossas tradições fossem preservadas e que se juntaram aos deuses e aos habitantes de Avalon, oferecemos estes poucos alimentos para que, conosco, possam celebrar o ano-novo.

"Neste dia de lua minguante do mês de Samon, eu, X (seu nome mágico), declaro abertos os três dias da celebração de Samain. Que cada um, durante este período, receba as respostas e os ensinamentos que espera de nossos antepassados desaparecidos, e divida com eles alimentos e bebidas.

"Cantem, dancem e contem, que a assembleia aqui reunida celebre os dias de Samain, antes que a estação sombria cubra com seu manto branco os prados e as florestas. Com a proteção dos deuses, que a festa comece! Awen!"[28]

Bata, em seguida, três vezes no chão com seu bastão. Depois, poderá ir confraternizar com as pessoas que estiverem à sua volta, alimentando o fogo pelo maior tempo possível. Não se esqueça de que Samain é uma festa! Faça, portanto, com que reinem a alegria e o bom humor.

O fogo terminará irremediavelmente por se apagar. É inútil reacendê-lo. No anoitecer do terceiro dia, voltando diante das cinzas, você dirá:

"Eu vos agradeço, deuses do Sidh, Sucellos e Nantosuelta, por nos haverem acompanhado durante estes três dias de festividades. Mas a fronteira entre nossos mundos se fecha de novo e é chegada a hora de cada um de nós voltar a seus territórios. Que a paz reine entre nós pela eternidade! Awen!"

Depois, encerrando, você dirá novamente:

"Que eu sinta a cada instante minhas raízes.
Que eu descubra a cada instante todos os elementos reunidos em mim.
Que eu penetre assim o Ser de meu Ser.
Que eu me concilie, assim, com o Ser do Céu.
Que eu volte, assim, a ser o que sou."

---

[28] Pronuncia-se "Ayoun".

A cerimônia está encerrada; você pode então limpar e guardar os instrumentos que tiver usado durante o ritual.

Imbolc (1º de fevereiro)[29]

Ela começa durante a lua quarto crescente, quando o Sol se encontra no signo de Aquário (Javali para os celtas). É uma festa que marca o início do fim da estação sombria, anunciando, portanto, a primavera, e que está ligada à pureza e à virgindade. A natureza desperta de um longo sono, é como um período de ressurreição que se presta para a festa. Esta é a época do carnaval.

Este período está associado a Brigantia (Brigid para os irlandeses, santa Brígida para os cristãos), o "muito reverenciado rio do saber". Festa feminina por excelência, nela é celebrada a purificação da natureza e se praticam as abluções ritualísticas.

É simbolizada pela cor verde do despertar. É, assim, não apenas o momento em que a natureza começa a sair de um profundo sono, mas também aquele em que o iniciado chega ao fim de seu caminho, que lhe traz o despertar espiritual.

É uma festa espiritual de purificação. Como a serpente, abandonamos nossa antiga "pele" para assumirmos a nova.

As abluções ritualísticas estão, portanto, no centro deste ritual.

O que você deve juntar para este ritual:
- oito velas verdes;
- uma vela branca de altar ou uma lamparina;
- uma bacia vazia com um grande jarro de água ou um *jerrican*;
- sua veste ritual ou, como os antigos druidas, uma túnica branca e uma calça branca, de algodão ou linho;
- resina de pinho e carvão em brasa;
- incensório;
- uma jarra de leite de ovelha e pequenas taças ou copos.

---

[29] "Provar de cada alimento segundo a ordem, eis o que se deve fazer no Imbolc; lavar as mãos, os pés, a cabeça, assim foi dito." (Glossário de Cormac).

Você compreendeu, o elemento dominante nesta cerimônia é a água. Ao contrário de Samain, essa cerimônia será realizada em ambiente fechado. De fato, considerando-se a temperatura no mês de fevereiro,* e visto que se vai molhar a cabeça, as mãos e os pés, não é recomendável realizá-la ao ar livre; você se arriscaria a ficar doente. Mas, obviamente, deixo a escolha livre a cada um...

Como na cerimônia anterior, é possível convidar pessoas próximas, família ou amigos para assistir a esta celebração. Neste caso, todo mundo deverá vestir roupas apropriadas, de material natural, linho ou algodão.

Todos devem estar descalços. Voltado para o nordeste, você poderá começar o ritual.

Abertura

"Que eu sinta a cada instante minhas raízes.
Que eu descubra a cada instante todos os elementos reunidos em mim.
Que eu penetre, assim, o Ser de meu Ser.
Que eu me concilie, assim, com o Ser do Céu.
Que eu volte, assim, a ser o que sou."

Depois, com os braços erguidos para o céu, diga:

"Paz no céu, céu sobre a terra. Terra sob o céu, força a todos."

Pedido de força:

"Nós te pedimos, bendita Brigit, muito reverenciada fonte do saber, que estendas sobre nossa cabeça o brilho de teu manto, para nos proteger. Nesta cerimônia de Oimelc,[30] traga-nos a cura de nossas dores e nossas feridas."

---

* Aqui o autor aborda as estações do hemisfério norte. (N.T.)
[30] Outro nome de Imbolc.

Você pegará, em seguida, o jarro de água e derramará o conteúdo na bacia, dizendo:

"Água sagrada dedicada a Brigit, deusa dos lagos e dos rios, sejas para nós o símbolo de nossa maturidade e de nossa purificação!"

Em seguida, vertendo um pouco de leite na água, você dirá:

"Leite materno que nos nutre e sacia, traga-nos a sabedoria e o conhecimento de Brigit!"

Em seguida, pegue a água no côncavo de suas mãos e a derrame sobre sua cabeça, tomando o cuidado de mantê-la sobre a bacia. Depois disso, lave as mãos e os pés com essa mesma água, dizendo:

"Filha de Dagda, me purifique para que eu alcance teu amor e tua sabedoria."

Se você estiver acompanhado de pessoas amigas, elas deverão fazer também, uma por vez, essas abluções, repetindo as mesmas palavras. Depois que cada uma tiver voltado ao seu lugar, você dirá, acendendo a vela de altar ou a lamparina:

"Nesta data de Imbolc, eu, X (seu nome de mago), acendo esta chama de teu santuário, Brigit, para que ela ilumine nossa vida como tu iluminas nosso coração!"

Depois de alguns minutos de recolhimento, você derramará um pouco de leite[31] em cada copo que distribuirá a seus assistentes, dizendo:

"Bebamos juntos esta bebida sagrada, ofertada por nossa deusa a seus filhos. Que este leite de ovelha nos purifique e nos traga a cura de todos os males, tanto físicos quanto espirituais!"

---

[31] Você pode adoçar antes o leite com mel.

Cada um beberá, então, seu copo de leite.

Depois disso, você finalizará o ritual da seguinte maneira:

"Deusa mãe de nossos ancestrais, a ti, que através dos séculos tens sabido, sempre, encontrar o caminho para ajudar e proteger teus filhos, dedicamos essa celebração e confirmamos com ela nossa adesão a tua veneração. Sejas para nós uma luz e nos protejas das infelicidades ao longo deste ano! Somos gratos por tua presença! Awen!"

Depois você procederá ao encerramento da maneira descrita a seguir.

Com os braços erguidos para o céu, você dirá:

"Paz no céu, céu sobre a terra. Terra sob o céu, força a todos."

Encerramento

"Que eu sinta a cada instante minhas raízes.
Que eu descubra a cada instante todos os elementos reunidos em mim.
Que eu penetre, assim, o Ser de meu Ser.
Que eu me concilie, assim, com o Ser do Céu.
Que eu volte, assim, a ser o que sou."

O ritual está encerrado. Você poderá, então, apagar as velas verdes, mas, se for possível, deixe queimar totalmente a vela de altar ou a lamparina.

Beltane (1º de maio)

Beltane é a festa dos "fogos resplandecentes". Ela celebra o retorno do sol da primavera e o despertar da natureza que se prepara para vibrar. É uma cerimônia de purificação pelo fogo, em que ele nos incita a nos elevarmos para a luz, nos desembaraçando de nossos medos invernais. Ela acontece na lua cheia de Touro* e dura três dias.

A divindade associada a Beltane é Bel, ou também Taranis, o Deus dos trovões. O deus Belenus é encontrado entre os gauleses e sua consorte é Belisama.

---

* Aqui também é preciso considerar que o autor se refere às estações no hemisfério norte. (N.T.)

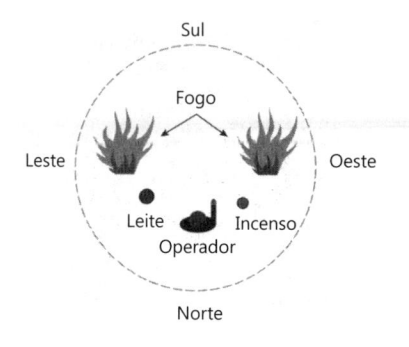

No tempo dos celtas, era o momento em que acontecia a assembleia dos Carnutes, o conselho dos druidas. É, portanto, um período de decisão para o ano em curso, em que todos os projetos devem ser iniciados.

Festa do verão e da luz, dois fogos mágicos eram acesos pelos druidas, no meio dos quais faziam passar o gado, mas também os humanos, para protegê-los dos perigos e das epidemias durante o ano em curso.

O elemento associado a Beltane é, portanto, obviamente, o fogo, e sua cor é o vermelho, que simboliza o princípio de vida, a força e o ardor da juventude.

O ritual que vou propor deverá se realizar, como em Samain, ao ar livre, em um bosque ou em uma clareira. Será preciso preparar duas fogueiras separadas, aproximadamente, 3,50 metros uma da outra, para que seja possível passar entre elas sem risco de se queimar nem ter o rosto envolto pela fumaça.

Também desta vez você poderá convidar simpatizantes de sua família ou amigos para esta festa.

Para este ritual você vai precisar de:

- sua túnica de linho ou de algodão branco;
- material para as duas fogueiras e madeira para alimentá-las;
- incenso de resina de pinho;
- uma tocha, que lhe servirá para acender as fogueiras;
- leite[32] (de ovelha, se possível);
- um utensílio que permita esquentar o leite sobre o fogo e canecas para servi-lo;
- mel para adoçar o leite (facultativo, mas eu não resisto...).

Depois da cerimônia, uma refeição festiva poderá ser oferecida. Neste caso, ela deverá ter, entre os alimentos, couve e cerveja.

---

[32] "Eu vos digo, numa festa particular, estas são as riquezas de Beltane, cerveja, couve, leite doce e leite coalhado sobre o fogo." *Hibernica Minora*.

Desenrolar do ritual (ver o esquema para a disposição dos elementos que o constituem).

Abertura

"Que eu sinta a cada instante minhas raízes.
Que eu descubra a cada instante todos os elementos reunidos em mim.
Que eu penetre, assim, o Ser de meu Ser.
Que eu me concilie, assim, com o Ser do Céu.
Que eu volte, assim, a ser o que sou."

Depois, com os braços erguidos para o céu, diga:

"Paz no céu, céu sobre a terra. Terra sob o céu, força a todos."

Pedido de força

"Nós te rogamos, Taranis, deus dos relâmpagos, que dê um pouco de teu poder a estas fogueiras que acendemos em tua honra. Belenus e Belisama, estejam entre nós neste instante de purificação pelo fogo, nesta cerimônia de Beltane que vos é oferecida, protegei-nos contra as doenças e contra nossos inimigos."

Com as duas mãos sobre a fogueira da direita, com as palmas voltadas para baixo, você dirá:

"Fogo sagrado dedicado a Belenus, Sol do mundo celestial, tragas-nos a purificação e a proteção!"

Em seguida, com as duas mãos sobre a fogueira da esquerda, com as palmas voltadas para baixo, você dirá:

"Fogo sagrado dedicado a Belisama, a deslumbrante, traga-nos a purificação e a proteção!"

É neste momento que você poderá fazer passar, entre as duas fogueiras, cada uma das pessoas desejosas de purificação e proteção durante o ano em curso. Cada uma delas deverá agradecer ao mesmo tempo à divindade em termos pessoais, dizendo, por exemplo:

"Agradeço a vós, Belenus e Belisama, por me concederdes proteção e saúde pelos meses vindouros!"

Depois, você poderá colocar o leite para esquentar sobre uma das fogueiras, rezando da seguinte maneira ao deus ou à deusa, conforme a fogueira que tiver escolhido:

"Que este leite derramado em tua homenagem, Belenus (ou Belisama), fique carregado de teus poderes para a saúde de nosso corpo e a proteção!"

Depois de esquentar o leite, você poderá colocar um pouco na caneca de cada um dos participantes. Então, você dirá:

"Bebamos juntos esta bebida sagrada, ofertada pelos deuses a seus filhos. Que este leite de ovelha nos purifique e nos traga proteção e saúde!"

Cada um beberá então sua caneca de leite. Depois, você encerrará o ritual da seguinte maneira:

"Belenus e Belisama, casal divino, protetor e guerreiro, somos gratos por vossa presença nestes lugares em que nos destes vossas bênçãos. Que esta cerimônia em vossa honra fique gravada em nosso coração como um momento de comunhão com vossa divindade. Awen!"

Depois você procederá ao encerramento da maneira descrita a seguir.
Com os braços erguidos para o céu, diga:

"Paz no céu, céu sobre a terra. Terra sob o céu, força a todos."

Encerramento

"Que eu sinta a cada instante minhas raízes.
Que eu descubra a cada instante todos os elementos reunidos em mim.
Que eu penetre, assim, o Ser de meu Ser.
Que eu me concilie, assim, com o Ser do Céu.
Que eu volte, assim, a ser o que sou."

O ritual está encerrado. Você deixará as fogueiras se apagarem por si só (vigiando-as, é claro) e poderá guardar os objetos do ritual. Em seguida, poderá dar início ao festim.

Lugnasad (1º de agosto)

Lugnasad é uma festa solar, real, dedicada às colheitas e, por extensão, à prosperidade do povo, à abundância e à paz. É uma cerimônia de união e de partilha, que poderemos encontrar no contexto da magia sexual, mas na qual o propósito não é objeto aqui deste livro. Ela se desenrola na lua cheia de Leão.

À primeira vista, pode-se pensar que ela é dedicada a Lug, mas na verdade é para sua nutriz, Tatltiu, que Lug realiza essa festa. É, portanto, por extensão, a festa da Mãe-Terra, em que se pede a ela que nos cumule de riqueza e paz.

Essa festa, deixando de lado o aspecto cerimonial (festa mais real que sacerdotal), durava dezenove dias e incluía uma feira e jogos que se poderiam comparar às olimpíadas gregas. Durante esses jogos, os melhores guerreiros podiam se enfrentar para conseguir o título de campeão.

A cor associada a essa cerimônia é o azul, e seu elemento, obviamente, a Terra que celebramos.

Para essa cerimônia que se desenrola, também, ao ar livre, você precisará de diferentes objetos, que são estes a seguir:

- sua túnica de linho ou de algodão branco;
- material para acender uma fogueira e madeira para alimentá-la;
- leite (de ovelha, se possível);

- incenso de resina de pinho;
- dois copos ou duas canecas.

Mais uma vez, você poderá convidar simpatizantes, de sua família ou de seu círculo de amigos, que poderão participar da cerimônia. Se desejar ir mais longe na Tradição, poderá aproveitar para organizar jogos amistosos dos quais todos poderão participar.

Cabe a você organizar as festividades dentro do espírito de Lugnasad.

Desenrolar do ritual (ver o esquema acima para a disposição dos elementos que o constituem).

Abertura

"Que eu sinta a cada instante minhas raízes.
Que eu descubra a cada instante todos os elementos reunidos em mim.
Que eu penetre, assim, o Ser de meu Ser.
Que eu me concilie, assim, com o Ser do Céu.
Que eu volte, assim, a ser o que sou."

Depois, com os braços erguidos para o céu, diga:

"Paz no céu, céu sobre a terra. Terra sob o céu, força a todos."

Pedido de força

"Nós te pedimos, Taitliu, Mãe-Terra, que nutras Lug com teu leite, como nutristes e nutrirás ainda cada um de teus filhos. Que esta cerimônia que celebramos em tua homenagem seja prova de nossa veneração. Conceda-nos paz e prosperidade durante os meses e anos vindouros."

Você colocará em seguida suas mãos espalmadas sobre o leite, dizendo:

"Alimento sagrado de Taitliu, que nutristes o grande Lug durante seus anos de infância, que nossa mãe, a terra, nos transmita por teu intermédio suas riquezas e sua bondade!"

A seguir, você verterá um pouco de leite em torno da fogueira, em oferenda a Taitliu. Depois, repartirá o leite restante entre os participantes, dizendo:

"Bebamos juntos esta bebida sagrada, ofertada por nossa mãe a seus filhos. Que este leite de ovelha nos purifique e nos traga paz e prosperidade!"

Neste momento, cada um beberá seu copo de leite.
A seguir, você encerrará o ritual da seguinte maneira:

"Taitliu, 'terra maior', filha de Magmor, mãe adotiva de Lug, somos gratos por tua presença nestes lugares e por tuas bênçãos. Que esta cerimônia em tua homenagem fique gravada em nosso coração como um momento de comunhão com teus filhos. Awen!"

Depois você procederá ao encerramento da maneira descrita a seguir.
Com os braços erguidos para o céu, diga:

"Paz no céu, céu sobre a terra. Terra sob o céu, força a todos."

Encerramento

"Que eu sinta a cada instante minhas raízes.
Que eu descubra a cada instante todos os elementos reunidos em mim.
Que eu penetre, assim, o Ser de meu Ser.
Que eu me concilie, assim, com o Ser do Céu.
Que eu volte, assim, a ser o que sou."

O ritual está encerrado. Você deixará as fogueiras se apagarem por si só (vigiando-as, é claro) e poderá guardar os objetos do ritual. Em seguida, poderá dar início às festividades que tiver organizado, se for este o caso.

Este Apêndice termina aqui. Tentei, o máximo que pude, propor a você cerimônias não "autenticamente tradicionais", mas inspiradas nos poucos conhecimentos que nos restaram das festas celtas, sem levar em conta as cerimônias neodruídicas célebres hoje em dia e com pouca coisa em comum com o que se fazia na Antiguidade celta. Realizando essas cerimônias, regularmente, você estará contribuindo para alimentar a egrégora autêntica da tradição celta, como parece querer se revelar agora, para nos permitir aproveitar plenamente sua magia. Não hesite em celebrar essas festas com outros praticantes como você, pois o princípio dessas cerimônias é a partilha, e não um benefício egoísta.

Desejo a você uma boa prática.

Datas das diferentes festas segundo a astrologia

	Samain	Imbole	Beltane	Lugnasad
2014	14-dezembro	8-março	14-maio	9-setembro
2015	3-dezembro	25-fevereiro	2-junho	29-agosto
2016	21-novembro	15-fevereiro	21-maio	18-agosto
2017	10-dezembro	5-março	9-junho	6-setembro
2018	30-novembro	23-fevereiro	29-maio	26-agosto
2019	19-novembro	14-março	18-maio	15-agosto
2020	8-dezembro	2-março	5-junho	2-setembro

Correspondência dos meses celtas e dos meses atuais

Ordem no ano	Mês celta	Equivalente atual
1	Samon	Novembro
2	Dumann	Dezembro
3	Riuros	Janeiro
4	Anagantio	Fevereiro
5	Ogronn	Março
6	Cutios	Abril
7	Giamoni	Maio
8	Simiuisonna	Junho
9	Equos	Julho
10	Elembiu	Agosto
11	Edrini	Setembro
12	Cantlos	Outubro

Apêndice IV:
as tríades celtas

As tríades são aforismos desenvolvidos em três pontos, sem dúvida, para permitir ao bardo memorizá-los mais facilmente. De fato, a tradição celta, sendo oral, diante da soma de conhecimentos que o druida devia ter, certamente fez com que ele desenvolvesse meios mnemônicos que lhe permitissem apreender tudo. Destacamos que seu preceito de conduta moral "Honra aos deuses, sê bom, cultive as virtudes viris" é também desenvolvido em três pontos.

Há centenas de tríades em que os temas são tão variados quanto a história, a moral, a justiça, a poesia, a teologia, etc. As tríades selecionadas foram tiradas da obra de Robert Ambelain *Les traditions celtiques* [As Tradições Celtas] e foram classificadas em função de seu caráter teológico e filosófico. As 46 primeiras foram tiradas da obra de Adolphe Pictet (*Le Mystère des bardes de l'île de Bretagne, ou la doctrine des bardes gallois du Moyen Âge, sur Dieu, la Vie future et la Transmigration des âmes*) [O Mistério dos Bardos da Ilha da Bretanha, ou a Doutrina dos Bardos Galeses da Idade Média, sobre Deus, a Vida Futura e a Transmigração das Almas] e fazem parte de um manuscrito intitulado "*Cyfrinacn Beirdd Ynys Prydain*", que é uma coletânea, produzida em diferentes épocas, dos preceitos celtas a respeito da arte da poesia e do canto, bem como de questões morais e teológicas. As outras foram tiradas de uma coleção manuscrita de Llywelyn Sion, bardo de Clamorgan, produzida por volta de 1560.

Embora algumas dessas tríades tenham uma forte influência do cristianismo, as opiniões sobre sua autenticidade estão divididas hoje em dia. Isso não impede que exalem tesouros de sabedoria que todo seguidor do caminho deve colocar em prática. Portanto, coloco-os aqui a seu dispor, para que tire deles o melhor partido.

As tríades celtas

1) **Há três unidades primordiais. Todas com o mesmo peso.** São elas:
   - um Deus;
   - uma Verdade;
   - uma Liberdade, ponto em que se equilibram todos os opostos.

2) **Há três coisas emanadas, por sua vez, das três unidades primordiais.** Essas três coisas são:
   - a Vida;
   - o Bem;
   - o Poder.

3) **Em Deus, há três necessidades primordiais.** São elas:
   - que Deus seja necessariamente a Vida, em sua plenitude;
   - que Deus seja necessariamente o Conhecimento, em sua plenitude;
   - que Deus seja necessariamente o Poder, em sua plenitude.

   E não há como essas três necessidades se encontrarem, completas, em outro Ser.

4) **Em Deus há três impossibilidades.** E não há como Deus não ser, ao mesmo tempo:
   - a plenitude do Bem, como futuro;
   - a plenitude do Bem, como desejo;
   - a plenitude do Bem, como possibilidade.

5) **Deus nos deu três provas do que fez e do que fará, como natureza.** Essas três provas são:
   - Seu Poder infinito;
   - Sua Sabedoria infinita;
   - Seu Amor infinito.

6) **Deus, infinitamente perfeito, tem necessariamente três desejos ao criar cada coisa.** São eles:
   - diminuir o Mal;
   - fazer crescer o Bem;
   - justificar as diferenças entre as coisas, para que seja possível discernir o que deve ser daquilo que não deve ser. Porque não há nada que Ele não possa realizar, que Ele não possa conhecer, que Ele não possa criar.

7) **Há três coisas a que Deus, infinitamente perfeito, não pode escapar:**
   - em tudo, fazer o melhor possível;
   - em tudo, fazer o mais possível;
   - em tudo, fazer o mais bonito possível.

8) **A Vida está submetida a três necessidades, advindas da perfeição de seu Autor:**
   - ela não pode ser o que não é;
   - ela não *deve* ser o que não é;
   - ela não pode ser concebida, em consequência, de uma forma diferente da que ela é. E daí resulta que todas as coisas têm uma finalidade própria.

9) **Em Deus, há três coisas que são, necessariamente, forçadas a existir.** Essas três coisas são:
   - o poder supremo;
   - a inteligência suprema;
   - o amor supremo.

   E isso justifica a finalidade de tudo.

10) **Deus possui, portanto, três supremacias:**
    - a vida universal;
    - o saber universal;
    - o poder universal.

11) **Há três causas para a Vida:**
    - o amor de Deus (com a inteligência de todas as coisas, totalmente completa);
    - a inteligência de Deus (no supremo conhecimento de todos os meios de ação);
    - o poder de Deus (com a vontade, o amor e a inteligência supremas).

12) **Há três círculos na vida universal ou no Universo.** Esses três círculos são:
    - o círculo de KEUGANT, círculo vazio, onde nenhum ser pode subsistir, exceto Deus. Nem os vivos nem os mortos têm acesso a ele, e só Deus pode atravessá-lo, por suas diversas manifestações;
    - o círculo de ABRED, círculo da fatalidade, do destino inevitável, onde cada novo estado, cada nova existência, nasce da morte. Este o Homem atravessa;
    - o círculo de GWENVED, círculo da beatitude, o mundo branco, de onde cada estado deriva e nasce a partir da vida. Este o Homem atravessará ao final.

13) **Há três estados de existência e de vida para os viventes.** São eles:
    - o estado de submissão à fatalidade, no Abismo (ANWN);
    - o estado de liberdade moral, por meio da Humanidade (ABRED);
    - o estado de felicidade e de amor perfeito, no Céu (GWENVED).

14) **Há três realidades inevitáveis na Vida, três necessidades às quais nenhuma existência escapa.** São elas:
    - a inevitável gênese no círculo de ANWN;
    - a inevitável evolução no círculo de ABRED;
    - o inevitável acesso final ao espaço espiritual no círculo de GWENVED.
    E, sem atravessar estes três estados, nenhum ser poderá existir, exceto Deus.

15) Há três necessidades fatais no círculo de ABRED, necessidades inevitáveis. São elas:
- a manifestação mínima possível da existência. E, a partir daí, o início de toda vida;
- tomar posse do princípio da substância. Daí deriva o crescimento, impossível em um outro estado;
- a transformação dessa substância e dessa existência pela morte e suas consequências. Disso derivam a debilidade e a brevidade da própria Vida.

16) Há três coisas possíveis de serem realizadas, em qualquer forma de Existência, apenas porque Deus é a infinita justiça. São elas:
- a necessidade de exaurir o sofrimento, sem a qual não saberemos obter o conhecimento completo do Todo; isto em ABRED;
- a certeza de obter uma parte no Infinito Amor de Deus;
- conseguir, graças à sua onipotência, fazer o que é justo e bom.
E, sem Ele, estas três tarefas não podem ser levadas a bom termo.

17) Há três razões de ser para a Fatalidade e o Destino que reinam no Círculo de ABRED. São elas:
- a necessidade de colher o fruto de cada existência e cada estado de vida;
- a necessidade de conhecer todas as coisas;
- a necessidade de juntar a força moral necessária para triunfar sobre todo o ódio, toda a repugnância e para se despojar do mal dominante dos maus princípios.

Sem essas três necessidades de ABRED, na travessia de cada estado de vida, não há nenhum vivente, nenhuma forma, capaz de chegar ao círculo de GWENVED.

18) Do princípio da Fatalidade e de Necessidade, incluído por definição no círculo de ABRED, resultam três calamidades desse círculo. São elas:
- o destino fatal;
- o esquecimento das existências sucessivas;
- a morte, necessária às renovações.

19) **São três as necessidades primordiais, preexistentes a todas as outras, que devem, obrigatoriamente, ser satisfeitas antes que o Ser atinja a plenitude do Conhecimento.** São elas:
- atravessar o círculo de ABRED, em todas as suas modalidades;
- atravessar GWENVED;
- lembrar-se de tudo ao longo do círculo de ANWN.

20) **São três as necessidades de contato com o círculo de ABRED.** São elas:
- a necessidade de transgredir a regra e se libertar da Fatalidade. Porque não há como ser de outra maneira;
- a necessidade de se despojar do mal e da corrupção, pela morte;
- a necessidade de expandir sua própria bondade e o princípio de sua personalidade, despojando-se do mal e se libertando pela morte.

E essas três necessidades não podem ser satisfeitas senão pelo Amor Infinito de Deus, que, necessariamente, conserva o que criou.

21) **Há três maneiras, que Deus concede no círculo de ABRED, para permitir o triunfo sobre o Mal e o princípio de aniquilamento.** São elas:
- o destino primitivo e sua necessidade;
- o esquecimento das modalidades sucessivas de existência;
- a morte.

E estas três coisas permitem se evadir de ABRED e passar para GWENVED, escapando, assim, do Mal e do Aniquilamento.

22) **Há três acontecimentos que se dão, simultaneamente, na origem de tudo.** São eles:
- o Homem;
- a Liberdade, como ordem autônoma, ou livre-arbítrio;
- a Luz espiritual, esclarecendo os seres sobre o que é o bem e o que é o mal.

23) **Há, portanto, três necessidades inegáveis para o Homem.** São elas:
- a necessidade de sofrer;
- a necessidade de se renovar;
- a necessidade de escolher.

E, pelo poder da livre escolha, pode-se conhecer o sofrimento e a renovação antes de seu amadurecimento.

24) **Há três opções para o Homem.** São elas:
- o círculo de ABRED ou o círculo de GWENVED, como objetivos;
- a fatalidade ou a liberdade moral, como meios;
- o mal ou o bem, como resultados.

Estando tudo equilibrado, estando tudo no domínio das possibilidades, o Homem tem, portanto, o poder de escolher uma ou outra, conforme sua própria vontade.

25) **A Fatalidade inerente ao círculo de ABRED resulta de três coisas, e são estas as três coisas que aprisionam o Homem, a saber:**
- a falta de empenho pelo Conhecimento;
- a falta de apego e atração pelo Bem;
- a preferência pelo Mal.

Por esses três erros, ou essas três faltas, o Homem atola no círculo de ABRED, aí se demora e, durante essa perigosa estadia, ele volta à sua condição anterior.

26) **Três erros fazem cair, inevitavelmente, no círculo de ABRED, embora se possa ser, ainda, atraído pelo Bem.** São eles:
- o orgulho egoísta, que faz cair em ANWN;
- a mentira egoísta, que faz cair em GOBREN;
- a crueldade egoísta, que faz cair em KENMIL.

E o Homem retorna, a seguir, à Humanidade, como antes.

27) **Para retornar ao estado humano, há três necessidades para o Ser.** São elas:
- obter a ciência,
- o amor, e
- a força moral, e isso antes que a morte chegue.

Ora, isso não acontece senão por uma escolha deliberada, e uma liberdade moral, existentes antes do estado de Humanidade. Essas três conquistas são chamadas "as Três Vitórias".

28) **Há, portanto, três vitórias sobre o Mal e sobre o princípio de Aniquilamento.** São elas:
- a ciência;
- o amor;
- a força moral.

Porque o Conhecimento, o Desejo e a Força realizam, por sua íntima união, tudo o que desejam. Essas vitórias têm início na condição humana e se mantêm, ininterruptas, através de todas as existências sucessivas, em toda a eternidade.

29) **Na Humanidade, o Ser possui três privilégios.** São eles:
- o discernimento do Bem e do Mal. Daí, a possibilidade de comparação;
- a liberdade de escolha. Daí, o livre-arbítrio, o julgamento, a preferência por um ou por outro;
- o início do poder realizador, tendendo a realizar aquilo que foi escolhido livremente.

Esses três privilégios, esses três poderes, são indispensáveis para fazer qualquer coisa (e assim escapar da pura Fatalidade).

30) **Há três diferenças, inevitáveis e necessárias, entre Deus, o Homem e os outros seres.** São elas:
- o limite (de espaço e de duração) para o Homem. E não saberíamos encontrar um em Deus;
- o início do Homem. E não saberíamos imaginar um em Deus;
- a renovação necessária à condição humana, no círculo de GWENVED. Enquanto Deus subsiste no círculo de KEUGANT, o Círculo vazio...

31) **Há três estados particulares no círculo de GWENVED, para a Criatura.** Esses três estados são:
- sem nenhum sofrimento (ANNRWG);
- sem nenhuma necessidade (ANNESIAU);
- sem nenhum fim (ANNARTOD).

32) **Há três coisas que o Ser encontra no círculo de GWENVED.** E sem estas três felicidades, nenhuma bonança será possível. São elas:
- o poder original;
- a memória original;
- o amor original.

33) **Há três diferenças essenciais entre um ser vivo e um outro, três coisas que fazem com que cada ser seja perfeitamente identificável por qualquer outro.** São elas:
- a essência da personalidade, ou Alma;
- a lembrança de tudo o que se pôde ser, de tudo o que se conheceu;
- o destino final, ou "vir a ser".

Em cada ser humano, individualmente, essas três coisas são completas, e não haveria como serem comuns ou partilhadas com nenhum outro. Cada um tem sua herança, desde a origem de Tudo, e não há como haver duas plenitudes idênticas.

34) **Há três dons que a infinita bondade de Deus dá a todo vivente.** São eles:
- a plenitude de sua própria descendência;
- a consciência de si;
- o que difere particularmente sua Alma das outras.

E assim, por esses três dons, cada ser difere dos outros.

35) **Pela compreensão de três coisas, pode-se diminuir o Mal, a Morte e, então, finalmente, triunfar.** São elas:
- a compreensão de sua natureza, de seu verdadeiro aspecto;
- a compreensão de sua causa e de sua razão de ser;

- a compreensão de seus modos de agir.

E essas três compreensões, as encontramos no círculo de GWENVED.

36) **Há três coisas que constituem o Conhecimento, ou a Ciência, que cada ser deve possuir.** Essas três coisas são:
- o fato de ter, enfim, terminado a travessia de todos os estados de existência;
- o fato de ter a lembrança da travessia de cada um desses estados de vida, com todos os seus incidentes, as suas dificuldades e suas alegrias;
- o fato de poder atravessar qualquer estado de existência, livremente, em busca de experiência e de reconhecimento.

Essas três coisas, que constituem o Conhecimento final reservado a cada um dos seres, são encontradas apenas no círculo de GWENVED.

37) **Todo ser vivo tem três primazias sobre cada um dos outros (primazias que o distinguem dos outros), no círculo de GWENVED.** São elas:
- sua própria vocação (ou personalidade final);
- a liberdade moral que Deus lhe deu ou com a qual o "privilegiou";
- sua própria Alma, que faz com que dois seres não sejam semelhantes em nada.

Assim, cada um deles tem, no círculo de GWENVED, tudo o que é necessário para se distinguir dos outros seres, e por isso não lhes falta nada.

38) **Há três coisas que são impossíveis, menos para Deus.** São elas:
- suportar a eternidade absoluta do círculo KEUGANT;
- participar de todos os estados da existência sem se renovar;
- melhorar e renovar tudo sem nada perder.

39) **Há três coisas que não podem nunca ser aniquiladas, pela própria necessidade de sua existência.** São elas:
- a "forma" de ser (sua natureza, sua raça);
- a "substância" do ser (sua personalidade, seu eu);
- o "valor" desse ser (seu nível moral e seu grau de evolução).

Porque, para o aniquilamento do Mal, essas três coisas estarão, durante toda a eternidade do GWENVED, nos diferentes estados do Belo e do Bom. Elas constituem a manifestação.

40) **Há três indutores da renovação da condição humana, no círculo de GWENVED.** São eles:
- a instrução (que aumenta o Conhecimento);
- a beleza (sua busca);
- o repouso (pela incapacidade de suportar KEUGANT e sua eternidade vazia).

41) **Há três coisas que estão em constante evolução no Universo.** São elas:
- a força, ou luz divina;
- a consciência, ou verdade;
- a alma viva, ou vida.

E porque essas três coisas prevalecerão sobre todas as outras, finalmente, disso resultará o desaparecimento de ABRED.

42) **Há três coisas que estão em constante involução, e em vias de desaparecer do Mundo.** São elas:
- as trevas, ou a ignorância;
- a mentira, ou o erro;
- a morte.

43) **Há três coisas que a cada dia se fortalecem.** São elas:
- o amor (de todos os seres, uns pelos outros, de todos os seres à vista de Deus);
- a ciência (ou o conhecimento progressivo dos seres);
- a justiça (a retidão, a equidade, dos seres diante de outros seres, e a harmonia progressiva dos elementos constitutivos do Mundo).

E isso porque o máximo de esforços se faz [ou "vai", conforme o contexto] a favor delas.

44) **Há três coisas que se enfraquecem a cada dia, sem parar:**
- o ódio (dos seres humanos uns pelos outros. É isso que se opõe à harmonia geral);
- a deslealdade (é o que gera a injustiça e a desordem no Mundo);
- a ignorância (que impede o Homem de vencer a morte e a fatalidade do destino).

E isso porque a maior soma de esforços se faz [ou "vai"] contra elas.

45) **Há três plenitudes no seio do círculo de GWENVED.** São elas:
- o fato de ter participado de cada estado de vida e de ter, finalmente, a plenitude de um deles;
- a cogestação de cada princípio ou Alma, e a superioridade em um deles;
- o fato de amar todo ser, e toda modalidade de existência, e de amar alguém, no entanto, acima de tudo, ou seja, o próprio Deus.

É nessas três coisas que reside a plenitude do Círculo de GWENVED.

46) **Há três necessidades às quais nem Deus pode escapar.** São elas:
- o fato de ele ser Infinito (porque é Deus);
- o fato de ser obrigado a se limitar em comparação ao que é limitado (e isso porque o Relativo não poderia conceber o Absoluto);
- o fato de ser unificado com cada estado de vida, cada modalidade de existência, no círculo de GWENVED (e isso porque, nesse círculo, os seres e as coisas são como Deus primitivamente as concebeu e desejou).

47) **Três coisas que podem apenas existir:**
- a Vida;
- o Poder;
- a Verdade.

48) **Deus existe graças a três coisas:**
- a Vida;
- o Poder;
- o Conhecimento.

49) As três essências principais da Bondade:
- Amor;
- Poder;
- Sabedoria.

Cada uma sendo necessariamente, rigorosamente e naturalmente perfeita. Amor, Justiça e Verdade.

50) Há três unidades e não há como haver outras:
- um Deus;
- uma Verdade;
- um Ponto de Liberdade.

E nelas toda Bondade é enraizada pelo Poder, pela Bondade e pelo Conhecimento.

51) Há três distinções necessárias entre o homem e Deus:
- o Homem com uma grandeza determinada e uma medida que Deus não pode ter;
- o Homem com um começo que Deus não pode ter;
- o Homem pode mudar. Deus não.

52) Os três tipos de existência:
- Deus (subentendido "em KEUGANT");
- os vivos (subentendido "em GWENVED");
- os mortos (subentendido "em ABRED").

53) Três coisas que Deus não pode ser:
- fraco;
- sem sabedoria;
- sem misericórdia.

54) Três coisas que Deus não pode ser:
- louco;
- fraco;
- sem misericórdia.

55) Três coisas que Deus obrigatoriamente é:
- tudo o que *deve* ser;
- tudo o que *quer* ser;
- tudo o que *pode* ser a perfeita bondade.

56) Três coisas sem as quais não pode haver nem Deus nem a perfeita bondade:
- o conhecimento perfeito;
- a vontade perfeita;
- o poder perfeito.

57) Os três objetivos em direção aos quais se orienta a obra divina na formação de todas as coisas:
- domar o mal;
- exaltar o bem;
- e manifestar cada natureza conforme seu destino e seu privilégio.

Em outras palavras:
- enfraquecer o mal;
- fortalecer o bem;
- e manifestar cada diferença.

58) Três coisas que Deus estabeleceu como sendo as principais de toda a existência:
- o Amor;
- a Verdade;
- e o Conhecimento.

59) Os três sustentáculos de um homem virtuoso:
- Deus;
- sua consciência pessoal;
- e o louvor de todos os sábios.

60) Três coisas que Deus manifesta:
- o poder;
- a excelência;
- e a necessidade de seu Ser.

61) Há três existências necessárias que não podem senão ser:
- a suprema grandeza de tudo, que é Deus;
- a suprema pequenez de tudo, que é o nada;
- e o meio, que é o fim.

62) Três coisas que só podem existir em todo lugar e ao mesmo tempo:
- o que há de mais necessário;
- de mais vantajoso;
- e de mais desejável.

E isso só pode ser Deus.

63) Três coisas que Deus não pode deixar de fazer:
- o que é mais útil;
- o mais necessário;
- e o mais desejado.

64) Os três testemunhos de Deus por suas Obras:
- seu infinito poder;
- seu conhecimento infinito;
- e seu amor infinito.

Porque não há nada que esses atributos não consigam fazer, nem possam perseguir, nem possam desejar.

65) Os três principais atributos de Deus:
- essência;
- conhecimento;
- e poder.

66) As três principais propriedades do Conhecimento:
- sensibilidade;
- compreensão;
- e atividade.

67) As três principais propriedades da Essência:
- a substância;
- a qualidade;
- o movimento.

68) As três principais propriedades do Poder:
- o amor;
- o objetivo;
- e a lei.

69) As três principais manifestações de Deus:
- o que só o poder perfeito pode fazer;
- o que é modelado pelo perfeito amor;
- o que depende do conhecimento perfeito.

Em outras palavras, as três manifestações de Deus são:
- paternidade;
- filiação;
- espiritualidade.

70) Três coisas que são uma na vontade e o objetivo com toda Bondade:
- Deus em seu poder;
- uma consciência vigilante;
- e o julgamento dos sábios.

71) As três fontes de seres vivos nas mãos de Deus:
- o amor, desejando felicidade para o maior desenvolvimento da compreensão perfeita;

- a sabedoria, conhecendo os meios perfeitos;
- e o poder de atingir a suprema concepção da inteligência e do amor.

72) **As três causas de todos os atos:**
- a necessidade e a contingência no círculo de ABRED;
- selecionar fazendo uso da liberdade na vida humana;
- a escolha pelo amor no círculo de GWENVED.

73) **As três operações conjuntas (cooperações) do homem com Deus:**
- sofrer;
- refletir;
- e amar.

E o homem não pode cooperar com Deus de nenhuma outra forma. O sofrimento é o início de tudo, pois o resto não pode acontecer sem ele.

74) **Três coisas que estão em desacordo com Deus:**
- a infelicidade;
- a mentira;
- e o desespero.

75) **Três lugares onde Deus viverá em sua plenitude:**
- lá onde ele for o mais amado;
- lá onde for o mais buscado;
- lá onde o egoísmo for menor.

76) **Há três coisas onde Deus mora depois que elas são encontradas:**
- a misericórdia;
- a verdade;
- e a paz.

77) **Três coisas das quais o homem ignora a essência:**
- Deus;
- o Nada;
- o Infinito.

78) Há três círculos de existência:
- o círculo de KEUGANT, que só Deus pode atravessar;
- o círculo de ABRED, que o homem atravessou;
- e o círculo de GWENVED, que o homem atravessará.

79) As três substâncias empregadas por Deus para fazer todas as coisas:
- amor;
- sabedoria;
- e poder.

80) As três excelências da condição humana:
- o fim de ABRED;
- a liberdade;
- e a comunhão com os abençoados.

81) As três felicidades do Céu:
- o domínio completo sobre o mal;
- a vida eterna;
- e a felicidade sempre renovada.

82) As três coisas originalmente contemporâneas do Universo:
- o Homem;
- a luz;
- e a liberdade.

83) As três características que distinguem o estado dos seres vivos:
- o fato de serem mortais;
- terrestres;
- e celestes.

84) Deus existe pela convergência de três qualidades:
- não pode ser de outra forma;
- não pode ser feito sem Ele;
- e não pode ser melhor.

85) As três plenitudes do KEUGANT:
- Deus;
- a justiça;
- e o amor.

86) Três coisas que só existem em Deus:
- o poder supremo;
- a sabedoria suprema;
- o amor supremo.

87) São três as causas de morte:
- a ignorância;
- o amor imoderado pelo bem-estar;
- e a incapacidade de suportar o KEUGANT (infinito).

O que significa: do amor nasce o conhecimento e pelo conhecimento a obrigação do KEUGANT pode ser evitada, porque do conhecimento nasce a mudança de condição.

88) Os três atributos essenciais de Deus:
- eternidade;
- poder;
- e amor.

E eles são chamados "atributos impulsivos", porque Deus não pode existir sem eles.

89) As três necessidades impulsivas do homem:
- sofrer;
- mudar;
- e escolher.

E, graças à terceira, não se pode saber quando as duas primeiras acontecerão.

90) As três condições necessárias à Humanidade:
- o meio-termo entre a mistura equilibrada do ABRED e do GWEN-VED, e, como resultado,
- a experiência do bem e do mal, e, na sequência, o julgamento, a escolha derivada do julgamento depois de examinar, e daí:
- a liberdade.

91) Os três meios empregados por Deus em ABRED para dominar o mal e CYTHRAUL e escapar para GWENVED:
- a morte;
- a necessidade;
- e o esquecimento.

92) Os três fundamentos de GWENVED:
- apreciar os dons de Deus;
- se fortalecer com o poder divino;
- se guiar pela sabedoria divina.

93) As três propriedades do Conhecimento:
- o amor pelo que é o melhor;
- o julgamento obtido pela experiência;
- e a escolha conforme o julgamento sobre o que é justo.

94) Três coisas que prevalecerão no final:
- o Fogo;
- a Verdade;
- e a Vida.

95) Os três lugares de todo ser animado:
- com CYTHRAUL no Abismo;
- com a luz no estado do homem;
- e com Deus no GWENVED.

96) Há três violências e três ataques contra o círculo de KEUGANT:
- o orgulho;
- o perjúrio;
- e a crueldade.

Porque pela livre vontade, pelo esforço e pela premeditação, elas roubam a existência de coisas que não devem existir e que não podem se entender com as leis do círculo de GWENVED. E, praticando essas violências, o homem cai em ABRED até o ANWN (Abismo). A principal e a mais grave é o orgulho, porque é dele que derivam as outras duas violências; e foi por causa do orgulho que ocorreu a primeira queda em ABRED, após a subida original para o espaço e a condição humana em GWENVED.

97) Três vitórias serão um meio de libertação, a saber:
- as vitórias sobre o orgulho,
- sobre o ódio implacável,
- e sobre a ganância.

Porque ninguém pode chegar ao círculo de GWENVED com essas coisas, pois elas não entram em acordo com GWENVED, e suas naturezas se opõem ao que possa aí fazer.

98) As três obras do orgulho:
- estabelecer em tudo a confusão, de modo que a verdade não apareça;
- entravar toda liberdade, de modo que não se possa libertar de ABRED;
- e roubar Deus e o que lhe é devido, de modo que não possa haver justiça.

99) Os três fundamentos do orgulho:
- roubo e furto;
- assassinato e emboscada;
- e obrigação de acreditar no que é falso.

100) Os três principais pecados são:
- o orgulho;

- a crueldade;
- e a mentira.

101) **Há três círculos de existência:**
- o círculo de KEUGANT, onde não há nada animado ou inanimado, exceto Deus, e apenas Deus pode atravessá-lo;
- o círculo de ABRED, onde o que está morto é mais forte do que o que vive e onde cada existência principal deriva do que está morto, o homem o atravessou;
- e o círculo de GWENVED, onde o que está vivo é mais forte do que o que está morto e onde cada existência deriva do que vive e da vida, ou seja, de Deus; e o homem até que complete sua travessia do círculo de GWENVED, porque nenhum conhecimento absoluto pode ser obtido senão pela experiência dos sentidos por parte de quem suportou e sofreu cada estado e cada provação.

102) **Há três necessidades de morrer estabelecidas por Deus:**
- melhorar as condições em ABRED;
- renovar a vida para, em seguida, repousar no KEUGANT (ou seja, na eternidade);
- e experimentar cada estado dos seres vivos e da vida com suas leis e provações e tudo o que lhe pertence, natural e acidentalmente; tudo isso para dominar os diferentes tipos de conhecimento e, dessa forma, obter uma completa e perfeita noção do ser, de toda existência animada de todo ser, de toda qualidade e essência; porque por outro meio que não esta evolução em ABRED é impossível instruir-se e ganhar habilidade em todas as ciências que podem, natural ou necessariamente, existir; e, sem elas, é impossível suportar o círculo de GWENVED.

103) **Há três coisas que distinguem todos os seres vivos uns dos outros:**
- o AWEN específico, que ninguém pode ter da mesma maneira,
- e a felicidade suprema de cada um por possuir
- a plenitude de sua *espécie*.

104) Cada ser vivo tem três coisas relacionadas a sua individualidade e sua singularidade, a saber:
- a plenitude do que ele é, e é impossível que haja alguém igual, pois não pode haver duas plenitudes de uma mesma coisa;
- uma inteira conformidade à ordem e à solidariedade e um ponto de conciliação;
- e ninguém busca outra coisa senão a ignorância daquilo que causa o sofrimento de ANWN e do ABRED.

105) Há três razões para mudar o estado da existência e da vida em GWENVED:
- o aprendizado que é assim obtido;
- a beleza da transformação;
- e o repouso que se faz necessário em virtude da impossibilidade de suportar a eternidade de KEUGANT.

106) Há três coisas das quais apenas uma se pode ter:
- uma inspiração plena em relação a sua natureza;
- um jeito de ser em harmonia com a ordem e a solidariedade;
- e uma supremacia semelhante à de Deus sobre todos.

107) As três principais coexistências do círculo de GWENVED:
- o amor limitado apenas por sua necessidade;
- a harmonia levada a seu mais alto grau de perfeição;
- e o conhecimento chegando tão longe quanto o pensamento e a percepção possam ir.

108) Três coisas não podem existir no círculo de GWENVED:
- a morte;
- a falta de amor;
- e a desordem.

Em outras palavras:
- a necessidade;
- a falta de caridade;
- e a confusão.

109) **Há três considerações relativas ao dever e que o explicam:**
- o que um homem defende e o que ele se proíbe em relação aos outros;
- o que ele recomenda e o que ele procura fazer por seu semelhante nas mesmas circunstâncias;
- por fim, o que jamais podemos desejar que ocorra a qualquer ser vivo e as existências no círculo de GWENVED, onde nem a indiferença nem a injustiça podem existir, porque aquilo que for desobediência, desordem, injustiça e falta de caridade não terá acesso a ele.

110) **Os três fundamentos de GWENVED:**
- conhecer a natureza do Mal e tê-lo suportado em ABRED;
- conhecer a natureza do Bem e experimentá-lo em GWENVED;
- e conhecer a singularidade de cada forma vivente, sua individualidade, e saber como cada uma dessas formas contribui para o prazer, o desejo e a vontade de Deus de um bem-estar geral. E nessas três coisas se encontram a segurança e a firmeza, porque Deus não poderia suportar a ausência de amor pela justiça e pela Verdade; e Deus não saberia agir sem verdade e sem justiça, porque delas vem o amor perfeito; todo ato contrário à caridade tem como causa sempre a iniquidade.

111) **A falta de caridade resulta de três causas, a saber:**
- daquele que pratica a injustiça e que provoca ressentimento naquele que é ofendido;
- daquele que sofre e recebe insultos dos outros; como resultado, temos a falta de caridade para com aquele que praticou a injustiça;
- e pela ignorância da natureza do ódio e da vida, por onde ela inspira a cólera, a vaidade e a revolta, é que nasce a inimizade que viaja pelo mundo sem fim.

112) **Os três fundamentos da Unidade:**
- ela resulta da exclusão de todas as outras coisas e dela vem a liberdade resoluta;
- ela é a "inteireza" que exclui a multiplicidade e dela nasce seu firme poder;
- e ela é a multiplicidade contida na "inteireza", de onde provém o firme conhecimento.

E dessas três coisas é formada a Unidade imutável; e não pode existir outra semelhante Unidade, senão Deus.

113) **As três instabilidades do múltiplo:**
- a ausência de organização, porque não pode haver nenhuma personalidade nem caráter distintivo em relação a qualquer tipo ou espécie, diferindo assim de outro ser ou de outra categoria; ou nenhum espaço para as duas juntas e ao mesmo tempo;
- o fim, porque não pode haver o infinito onde exista um outro ser de qualidade e gênero tão pouco semelhantes no que diz respeito à natureza e ao caráter de sua existência;
- a variabilidade, porque onde há dois ou mais em número, um deve prevalecer sobre o outro, e isso pode mudar de modo que o que era o último passe a ser o primeiro; e o lugar e o tempo podem ser assim modificados de forma que se possa ir de um lugar a outro, e de um momento para outro, e de um estado para outro, conforme o encadeamento das circunstâncias.

Por isso, Deus ou os deuses não podem ser muitos e Deus não pode ser múltiplo ou dividido.

114) **São três as causas que levam a uma queda em ABRED:**
- o orgulho que se aventura no círculo de KEUGANT;
- o desprezo e o ódio do círculo de GWENVED,
- e o desejo de mudar; o desprezo pela razão e pelo dever foi uma violência contra Deus e sua bondade e contra os atributos essenciais de GWENVED, que são o amor e toda verdade e toda justiça.

115) Os três principais estados das criaturas animadas:
- o ANWN, onde foi sua origem;
- o ABRED, que elas atravessam para aprender;
- e o GWENVED, onde elas terminarão, no crescimento indefinido do Poder, do Conhecimento e da Bondade, até que não seja possível obter mais.

116) As três causas da morte:
- libertar e ser libertado da fatalidade do mal e do pior;
- se aproximar e se elevar ao GWENVED;
- a impossibilidade de suportar KEUGANT e de relaxar, porque apenas Deus, sendo infinito, pode atravessá-lo; e o fim não pode prevalecer contra o infinito.

117) Há três tipos de morte:
- a retaliação e a punição para o pecado;
- o amor de Deus atraindo toda vida e existência do pior para o melhor em GWENVED;
- e o repouso em GWENVED para aqueles que não podem suportar as eternidades do KEUGANT.

118) Os três momentos abençoados para um Homem:
- receber a vida com uma alma quando do nascimento ou no renascimento depois de uma evanescência;
- dar a vida ou gerar;
- e partilhar a vida, ou morrer, o que é ir do pior ao melhor.

119) Há três unidades imensas:
- o espaço;
- o tempo;
- a vida.

Porque nenhuma delas tem começo nem fim.

120) Há três unidades originais e únicas:
- um Deus;
- uma Verdade;
- e um Ponto de liberdade, isto é, onde todas as coisas e todas as oposições se equilibram.

121) Três coisas nascem das três unidades primitivas:
- toda vida;
- toda bondade;
- e todo poder.

122) Os três atributos de Deus existentes originalmente juntos:
- o maior de todos em relação à vida;
- o maior de todos em relação à força e
- ao poder.

123) Por uma tripla necessidade, Deus é:
- o maior no que diz respeito à vida;
- o maior no que diz respeito ao conhecimento;
- e o maior em força e poder, e não há como não ser o maior em tudo.

124) Três coisas que Deus não pode deixar de ser:
- o que deve ser;
- o que desejaria ser;
- e o que pode ser a bondade perfeita.

125) Os três princípios de todas as coisas:
- a matéria;
- o movimento;
- a vitalidade.

E nós os denominamos "as três bases" porque delas são geradas ao mesmo tempo a força e a existência.

126) As três características da existência:
- o tempo;
- o espaço;
- e a atividade.

127) Os três fundamentos da existência:
- a natureza;
- a individualidade;
- a continuidade.

128) As três coisas que distinguem as existências:
- a qualidade;
- a forma;
- e o trabalho.

129) Há três fundamentos da unidade, a saber:
- a perfeição, porque não pode haver dois tipos de universalidade;
- a infinitude, porque não pode haver nenhum limite para a "inteireza";
- e a imutabilidade, porque não pode haver senão uma única perfeição, universalidade e inteireza, qualquer que seja sua natureza. Por isso não se pode conceber Deus senão derivado de uma Unidade fundamental.

130) Três coisas que, pela união, engendram o poder: eu, você e ele, isto é:
- o eu desejoso;
- o tu realizando o que eu quero;
- e o ele tornando-se o que é decidido pelo eu desejoso em união com o tu.

131) Há três considerações que fazem compreender a natureza do dever:
- o que um homem protege para o próximo;
- o que ele busca no próximo;
- e o que é compatível com o círculo de GWENVED.

132) Três vitórias que trarão a libertação:
- aquelas sobre a falta de caridade,
- sobre a ganância
- e sobre a desordem, porque essas coisas não seriam compatíveis com o círculo de GWENVED.

133) As três principais coexistências do círculo de GWENVED:
- o amor na medida em que sua necessidade o exija;
- a ordem até o limite da perfeição;
- e o conhecimento até onde possa ser sabido e compreendido.

134) Há três coisas que não podem ocupar espaço no círculo de GWENVED:
- a morte;
- a falta de caridade;
- e a desordem.

135) As três bases do GWENVED:
- conhecer a natureza do mal por haver experimentado dele em ABRED;
- conhecer a natureza do bem, por haver provado dele em GWENVED;
- e o conhecimento para cada ser vivo que do destino lhe reserva a vontade e o plano divino: assim se chegará à segurança e à estabilidade.

Porque Deus não pode apoiar o GWENVED senão pelo amor à verdade e à justiça e Deus não pode fazer outra coisa senão o que é verdadeiro e justo, de onde vem seu perfeito amor.

136) Os três poderes da Unidade:
- ser um a partir da exclusão de qualquer outro;
- a inteireza sem a pluralidade e a pluralidade na inteireza;
- e não pode haver nenhuma unidade estável que não venha de Deus.

137) As três instabilidades da pluralidade:
- a falta de universalidade;

- a finitude;
- e a mudança.

Porque onde há dois ou mais de um superando o outro haverá a possibilidade de mudança até que o primeiro se torne o último.

138) **As três principais percepções corporais do homem:**
- a visão;
- a audição;
- e o tato.

139) **As três principais percepções da alma humana:**
- o amor;
- o ódio;
- e a compreensão.

140) **Há três coisas que vêm de Deus, a saber:**
- o que não pode ser considerado bom sem ele;
- o que todos veem que falta a si mesmos;
- e o que ninguém mais pode satisfazer.

141) **Os três hóspedes do KEUGANT:**
- Deus;
- a justiça;
- e o desejo.

E onde Deus está os outros dois estão.

142) **As três impossibilidades de Deus:**
- odiar;
- tornar-se fraco;
- tornar-se muito grande.

143) **Três lugares onde não se pode encontrar Deus:**
- onde sua presença não é pedida;

- lá onde ela não é desejada;
- e lá onde não é obedecido.

144) Os três objetivos de Deus em suas obras:
- destruir (extinguir) o mal;
- ressuscitar os mortos;
- e buscar a alegria de praticar o bem.

145) As três vias por meio das quais Deus trabalha:
- a experiência;
- a sabedoria;
- a misericórdia.

146) Cada ação do homem deveria ter três harmonias:
- harmonia com a moral natural;
- harmonia com as faculdades superiores da Humanidade;
- e harmonia com o que pode subsistir para sempre de cada coisa no círculo de GWENVED.

Em outras palavras: harmonia com a vontade de Deus, harmonia com as perfeições e harmonia com o que pode existir para sempre da divindade de sua essência no círculo de GWENVED.

Em outras palavras: com o benefício de todos os seres vivos; com a justiça de Deus e com o amor do círculo de GWENVED.

147) Os três principais usos de todas as coisas nas mãos de Deus:
- ser destinadas à maior necessidade;
- à maior utilidade;
- e ao maior amor.

148) Os três principais atributos de Deus:
- poder;
- conhecimento;
- e amor.

149) **Os três cuidados diários que deveriam ocupar a mente de cada homem:**
- adorar a Deus;
- evitar prejudicar alguém;
- e agir com justiça com todos os seres vivos.

150) **Os três medos de um sábio:**
- o medo de ofender a Deus;
- o medo de agir contra um homem, desprezando a caridade;
- o medo das riquezas e da prosperidade excessivas.

Em outras palavras: o temor a Deus, o temor do pecado e o temor de uma prosperidade exagerada.

151) **Os três medos de um insensato:**
- o medo do homem;
- o medo do demônio;
- o medo da pobreza ou da inimizade do mundo.

152) **Em três coisas o homem se assemelha ao demônio:**
- colocando armadilhas no caminho;
- temendo uma criança;
- tendo prazer com o mal.

153) **Os três momentos em que Deus saiu de sua imensidão:**
- o primeiro foi para fazer o que não existia antes, com vistas ao bem e para prevenir o mal. Daí resultou a existência, ou a obra de sua Criação; e embora isso pudesse ter sido feito de outra forma, assim se manifestaram o poder e a sabedoria infinitos;
- e a segunda foi para livrar todas as criaturas e existências do mal e do ataque de CYTHRAUL (o Nada);
- e a terceira para reparar o que havia sido perdido, ou tinha se corrompido; ou para rejeitá-lo ou para substituir com um melhor (ser). Assim será ele e acontecerá para cada existência até que todo ser e toda a criação tenha evoluído até os extremos limites da Bondade.

154) Três coisas são indicativas de Deus:
- o fato de colocar o bem e o mal face a face, de tal sorte que um ou outro possa ser conhecido e visto,
- de se prender ao bem,
- e de renunciar ao mal.

Apêndice V:
bibliografia e referências

Como de costume, eis os títulos das obras que me ajudaram em minhas pesquisas e que permitirão a você avançar em seus estudos.

A destacar, a referência do mundo celta, com as obras de Christian-J. Guyonvarc'h e Françoise Le Roux, que são absolutamente essenciais.

Celtismo

AMBELAIN Robert

Au pied des menhirs [Ao Pé dos Menires], Éditions Niclaus, 1945.
Les traditions celtiques [As Tradições Celtas], Éditions Dangles, 1977.

BLANCHET Régis

Entretiens avec un druide nommé Gwenc'hlan [Entrevista com um Druida Chamado Gwenc'hlan], Éd. du Prieuré, 1994.

CARR-GOMM Philip

Initiation à la tradition druidique [Iniciação à Tradição Druídica], 1995, Éd. du Rocher, coleção "Âge du Verseau", 1995.

GUYONVARC'H Christian-J. e LE ROUX Françoise

Les Druides [Os Druidas], Éditions Ouest-France, 1986.
La civilisation celtique [A Civilização Celta], Éditions Ouest-France, 1990.
La société celtique [A Sociedade Celta], Éditions Ouest-France, 1991.

Les fêtes celtiques [As Festas Celtas], Éditions Ouest-France, 1995.
La légende de la ville d'Ys [A Lenda da Cidade de Ys], Éditions Ouest-France, 2000.

MONIN Yves
Le manuscrit des paroles du druide sans nom et sans visage [O Manuscrito das Palavras do Druida sem Nome e sem Rosto], autopublicação EMMANUEL, 1993.

As runas

ARZH Bro Naoned, Énergies sacrées, les *runes* [Energias Sagradas, as Runas], Éd. Guy Trédaniel, 1991.
GANDON Richard, *Le grand livre des runes* [O Grande Livro das Runas], Éd. Dervy, 1994.
PANICHI Éric, *Dialogue avec les runas* [Diálogos com a Runas], Éd. Jeanne Laffitte, 1993.
PENNICK Nigel, *Runes et magie* [Runas e Magia], Éditions L'Originel, 1995.
THORSSON Edred, *Futhark*, Éd. Pardès, 1992.

Radiestesia, geobiologia

BABONNEAU B., LAFLÈCHE B., MARTIN R.R., *Traité de géobiologie* [Tratado de Geobiologia], Éditions de l'Aire, 1989.
COQUELLE Dominique, *Le pendul'Or* [O Pêndulo de Ouro], Éd. Trajectoire, 1997; *L'antenne de Lecher* [A Antena de Lecher], Éd. Librairie de l'inconnu, 1996.
LA MAYA Jacques, *La médecine de l'habitat* [A Medicina do habitat], éd. Dangles, 1995.
SECONDÉ Jean-Claude, *Le guide initiatique de la radiesthésie* [O Guia Iniciático da Radiestesia], Éd. Montorgueil, 1994.

Magia tradicional

La clé de la véritable Kabbale [A Chave da Verdadeira Cabala], Éditions Alexandre Moryason, 1994.

Le cristal magique ou la magie de Jehan Trithème [O Cristal Mágico ou a Magia de Jehan Trithème], Éd. Niclaus, 1962.

Au pied des menhirs [Ao Pé dos Menires], Éditions Niclaus, 1945.

Links Internet:

Um excelente site onde há tudo o que estudar:
http://www.everyoneweb.fr/Croyance-Celtique-Orthodoxe/.

A destacar também o site do Conselho das clareiras druídicas continentais, cujo objetivo é ser seguido por todos:
http://comarlia.byethost12.com/Accueil.htm.

E, obviamente, o portal do mundo celta da Wikipédia:
http://fr.wikipedia.org/wiki/Portail:Monde_celtique.

Epílogo
Das fadas Wenga e Nyu...

H á, ainda, fadas na Bretanha, eu sei, eu vi. Elas vivem tanto fora quanto dentro da sociedade. Frequentemente perdidas, não sabem de que mundo vieram e raramente têm consciência de que são fadas. Elas têm em comum um dom que as fez naturalmente descobrir a existência da energia. É normal, elas são as canalizadoras para o nosso mundo. Elas utilizam essa energia frequentemente para curar e ouvem naturalmente a fala das árvores e dos animais. Perdi-

Dríade

das em meio a uma sociedade cujas regras não são feitas por elas, estão sempre em movimento, a vida um pouco boêmia, tentando escapar constantemente das sociedades humanas, escapar de seu destino. Mas voltam sempre à sua região, ligadas visceralmente à terra que as fez nascer. Transbordantes de amor e de sensualidade, às vezes dão à luz. E se descobrem, então, mães, e o filho será para elas o centro de todas as atenções, de toda a sua dedicação. Entretanto a energia estará sempre nelas, urgente e vibrante, até o dia em que explodirá e lhes revelará sua verdadeira natureza, que elas, enfim, aceitarão.

Então, irradiando em toda a sua volta, atingirão finalmente a paz e cumprirão seu destino, do qual fugiam ou que ignoravam. Nosso mundo, que as renegou por muito tempo, as verá reaparecer, finalmente, para restabelecer o equilíbrio necessário. Nos últimos anos, algumas fadas deixaram de existir sem poder se manifestar. Esperamos que os próximos anos vejam as fadas se reencontrarem e desempenharem seu papel no seio de uma sociedade que perdeu a fé na magia.

Há diferentes famílias de almas. As fadas e os magos são das mais antigas e se reconhecem mutuamente. Cada uma vê na outra qualidades similares às suas. Sempre viveram entre nós, seres anônimos, por vezes singulares, um saber pouco compreensível a seus contemporâneos. A Igreja os proibiu e perseguiu, mas hoje eles têm sua revanche, diante do abandono dos bancos dos sacerdotes pelo povo.

A magia telúrica é, do meu ponto de vista, uma magia "simples", que usa a energia mais possante e mais pura possível, a de nossa mãe, a terra. Penso que, nos próximos anos, ela poderá desenvolver e revelar seres adormecidos há muito tempo. É hora de nosso mundo recuperar a fé em sua magia. Fadas e magos serão os cuidadores e provedores.

Há ainda fadas na Bretanha, mas também em outras regiões. Eu sei, eu conheci...

Agradecimentos

Uma obra não pode vir à tona sem a ajuda de inúmeras pessoas, pequenas mãos invisíveis sem as quais nada é possível. Entre todas as pessoas que me encorajaram, ajudaram e deram apoio, eu gostaria de agradecer particularmente a Sylvie Noblet-Hortet, que leu meu texto todo e passou longas noites corrigindo meus erros, me encorajando sempre a continuar meu trabalho.

Agradeço também à minha mulher, Maddy, que me dá a cada dia seu amor e seu apoio em tudo o que eu empreendo. Um beijo especial aos meus filhos, Célya, Aurélien e Minna, que serão sempre motivo de orgulho para seu papai.

Agradeço também meu amigo Jean-Claude Secondé, por todos os conselhos sensatos que tem me oferecido por todos estes anos.

Agradeço a meus pais, a quem amo e a quem nunca serei suficientemente grato por me haver deixado, desde bem jovem, perseguir minhas paixões.

Por fim, agradeço a todos que não foram aqui citados, a meus alunos, que me permitem me questionar a cada dia, a todos os visitantes de meus diferentes sites e, sobretudo, agradeço a vocês, amigos leitores, por todos os comentários, pelas críticas e pelos conselhos que me permitem avançar...

Para ir adiante

O autor ministra em La Rochelle cursos de magia, em sessões de seis dias ao longo de seis meses, ao fim das quais é proposta uma viagem iniciática.

Atualmente, há três graus de sessões, organizadas com uma viagem à Brocéliande ao fim do primeiro grau, uma viagem à Irlanda ao fim do segundo grau e uma viagem à Islândia ao fim do terceiro grau.

O autor organiza também formações em litoterapia, antena de Lecher, alquimia, etc.

Para mais informações, visite o site do autor, "Les remèdes de Paracelse" [Os Remédios de Paracelso]: http://www.paracelse-remedies.com

Ou mande seu e-mail em francês para: Vincent.Lauvergne@orange.fr